好玩儿的老游戏

赵　青　潘云鹏　董大伟　主编

辽宁人民出版社

ⓒ赵　青　潘云鹏　董大伟　2024

图书在版编目（CIP）数据

好玩儿的老游戏 / 赵青，潘云鹏，董大伟主编 .—沈阳：
辽宁人民出版社，2024.1
ISBN 978-7-205-10880-9

Ⅰ . ①好⋯ Ⅱ . ①赵⋯ ②潘⋯ ③董⋯ Ⅲ . ①游戏课
—教学研究—小学 Ⅳ . ① G623.82

中国国家版本馆 CIP 数据核字（2023）第 190746 号

出版发行：辽宁人民出版社
　　　　　地址：沈阳市和平区十一纬路 25 号　邮编：110003
　　　　　电话：024-23284321（邮　购）　024-23284324（发行部）
　　　　　传真：024-23284191（发行部）　024-23284304（办公室）
　　　　　http://www.lnpph.com.cn
印　　刷：沈阳丰泽彩色包装印刷有限公司
幅面尺寸：182mm×196mm
印　　张：7.5
字　　数：130 千字
出版时间：2024 年 1 月第 1 版
印刷时间：2024 年 1 月第 1 次印刷
责任编辑：董　喃
装帧设计：留白文化
责任校对：郑　佳
书　　号：ISBN 978-7-205-10880-9

定　　价：48.00 元

编委会

序言

习近平总书记在全国教育大会上提出了学校体育"四位一体"的目标，即：让学生在体育锻炼中享受乐趣、增强体质、健全人格、锤炼意志。中共中央办公厅、国务院办公厅印发了《关于全面加强和改进新时代学校体育工作的意见》，进一步明确要认真贯彻落实习近平总书记关于教育、体育的重要论述和全国教育大会精神，把学校体育工作摆在更加突出的位置，构建德智体美劳全面培养的教育体系。

新时代小学坚持努力探索学校体育教育规律，提出了"体育是受益一生的教育"的体育观。经过长期的教育教学实践，我们体会到体育既可强身也可启智，在探索有效的体育活动过程中，选择了传统老游戏作为主要研究方向。传统老游戏有丰富的健身价值和教育功能，内容活泼、形式多样，可以促进学生身心健康发展。传统老游戏有广泛的群众基础，活动场地灵活，活动器材简单，便于掌握和推广。参与传统老游戏，可以让学生学会与同伴沟通合作，齐心协力，夺取胜利；学会创新创造，勇于尝试，善于应变；学会积极乐观，体面并且有尊严地输；学会按照规则去赢。老游戏助力学生健康成长！

本书从众多传统老游戏中精选了符合学生身心特点的 31 个经典游戏，每个传统老游戏都介绍了名称、来历、玩法，教会学生自制游戏器材，引导学生在游戏中思考，鼓励学生分享游戏感受。本书编写时注重融合贯通，选择了不同时期、不同民族、不同类型的传统老游戏，让活动内容更加充实多彩。新时代小学在推广传统老游戏的过程中创新了游戏形式，丰富了游戏内涵，改进了游戏规则，激发了学生参与活动和锻炼身体的积极性。一年一度的"健康老游戏·绿色新生命"运动会总会掀起师生和家长参与体育运动的热潮。老游戏展现了新魅力！

　　传统老游戏让学生昂扬了斗志，激发了向上的力量；传统老游戏让教师创新了体育锻炼形式，拓宽了体育活动的思路；传统老游戏为学校搭建了家校互动的平台，让学校体育工作焕发了新活力！

目 录

第一篇

猜灯谜　　跳皮筋　　翻花绳　　丢手绢　　打弹珠

1

打弹珠

一、名称

好多玻璃球，他们在聚精会神地玩什么游戏呢？

游戏的名字叫作"打弹珠"，在好多地方，孩子们把弹珠称作"溜溜"，所以他们也把这项游戏叫作"弹溜溜"。

二、介绍

打弹珠游戏早在四百多年前就出现了，当时的弹珠还是用黏土做的。

玩打弹珠游戏有哪些好处呢？

在打弹珠游戏的过程中，对弹珠位置的观察，可以锻炼我们的空间感知能力；将手中的弹珠向目标弹出，能锻炼手指的力量和协调性。此外，和大家一起比赛，能够体验竞争

的乐趣，让我们有一个好心情。既然打弹珠游戏能给我们带来这么多好处，同学们要不要玩一玩呢？

三、思考

在学习游戏的玩法前，让我们先猜猜这个游戏怎么玩，通过图片来看一看，想一想，说一说吧！

四、方法

游戏中可以发现大家都在一条线后，向前弹射手中的弹珠，每个弹珠的颜色都不一样。在线的前面还有一个圈，大家好像都想把手中的弹珠弹到圈内。

游戏的规则就是：首先在一块平整的土地上画一条白线，在白线前面 1 米左右的距离画

一个圈。参加比赛的同学站在白线后 2 米的位置，大家一起把手中的弹珠往线的方向抛去，最靠近线又不超过线者优先进行，这个结果决定每个人打弹珠的顺序。决定顺序后，每个同学在白线处，按顺序将手中的弹珠向圈内弹，弹完换下一名同学。先

将自己的弹珠弹进圈内的同学，可以攻击别人的弹珠，击中则对方弹珠归自己，被击中者淘汰。击中对方弹珠后可以继续攻击其他同学的弹珠，直至出现失误结束，等到下次轮到自己时再继续攻击，其他同学则继续将自己的弹珠往圈内弹。

五、拓展

学会了怎样打弹珠，让我们再加一些花样会更好玩！

画一条白线，在白线前方 1 米处画一个大圆圈，在圈内一共放有 49 个红色的弹珠，比赛双方各持一个不同颜色的弹珠，在白线处轮流向圆圈外弹击红色弹珠。首先将 25 个红色弹珠弹出圈外的一方获胜。规则很简单吧，这下同学们又学会了一种玩法！

六、要求

在游戏的过程中有些要求是需要我们格外注意的，下面让我们看看有哪些：

1. 开始打弹珠时手应在线的后面；

2. 游戏过程中要按照顺序进行；

3. 只有进入圆圈后才可以攻击他人。

上面的要求大家都记住了吗？

七、收获

学习了打弹珠游戏后，让我们来看看你掌握了多少本领？在掌握的本领前画"√"。

☐ 本领 1：学会了如何去画打弹珠的场地

☐ 本领 2：掌握了打弹珠的比赛规则

□本领3：弹珠弹出的方向和距离在自己的计划之中

□本领4：经过努力能将弹珠弹到圆圈里并击打别人的弹珠

八、感受

学习了有趣的老游戏后，你有什么感受呢？下面让我们一起去打钩钩！请你用"√"选出自己的体会，没有感受到的画"×"。

□1.游戏中我锻炼了身体的灵活性

□2.玩的时候我感觉到眼睛和手腕有点累

□3.我会动脑筋思考怎么才能打到弹珠

□4.我得到了充分的活动

□5.能与对手一决高下很兴奋

□6.还没有找到游戏的乐趣

□7.游戏让我体验到了竞争的快乐

□8.我会向比我玩得更好的同学学习

□9.我能认真遵守游戏规则

九、分享

学习过后，你的心情如何呢？下面有五颗星星的笑脸，一起来给星星涂色吧，涂得越多说明你玩得越开心。

"快乐的事说不完"

十、瞬间

打弹珠之精彩瞬间

2
丢手绢

一、名称

草地上的同学玩得这么开心，猜一猜他们在玩什么呢?

这个游戏的名字叫作"丢手绢"，是一项有趣的游戏!

二、介绍

丢手绢游戏历史悠久，是我国民间儿童喜爱的一项益智类游戏。

玩丢手绢游戏有哪些好处呢?

丢手绢游戏能使我们的身体得到锻炼，双腿的跑动、全身肌肉的协调，都会使我们的身体棒棒的!在游戏过程中，同学们还能体验到游戏带给我们的快乐，使我们有一个愉快的好心情。

三、思考

在学习游戏的玩法前，让我们先猜猜这个游戏怎么玩，通过图片来看一看，想一想，说一说吧！

四、方法

游戏中，大家都蹲下围成了一个大圆圈，在圈外还有一个丢手绢的同学，他将手中的手绢丢在了另一位同学的身后，那个被丢手绢的男孩要捡起手绢追那个向他丢手绢的人。

丢手绢的人要悄悄地将手绢放在另一个人

的身后，谁要是发现自己后面有手绢，就要追向自己丢手绢的人。追上了，自己就可以回到原来的位置；如果没追上，被前面的同学抢占了自己的位置，就要换自己丢手绢了。丢手绢的过程中还有一首歌谣，丢手绢的同学要在歌曲唱完前把手绢丢出去。

五、拓展

学会唱《丢手绢》可以使游戏过程更加有趣！

"丢呀丢呀，丢手绢，轻轻地放在小朋友的后面，大家不要告诉他，快点快点捉住他！快点快点捉住他！丢呀丢呀，丢手绢，轻轻地放在小朋友的后面，大家不要告诉他，快点快点捉住他！快点快点捉住他！"

六、要求

在游戏的过程中有些要求是需要我们格外注意的，下面让我们看看有哪些：

1. 要在围坐的圈的范围内跑动；

2. 围圈而坐的同学要跟着一起唱歌；

3. 先捡起身后的手绢再开始追逐；

4. 把手绢丢到同学身后，不可以丢到很远的距离。

上面的要求大家都记住了吗？

七、收获

学习了丢手绢游戏后，让我们来看看你掌握了多少本领？在掌握的本领前画"√"。

☐本领1：掌握了丢手绢的游戏规则

☐本领2：学会了如何唱《丢手绢》儿歌

□本领 3：丢手绢时能在歌曲唱完之前将手绢丢出去

□本领 4：可以在手绢丢出后，快速跑到被丢者的位置不被抓住；或者被丢手绢后，能够抓住向自己丢手绢的同学

八、感受

学习了有趣的老游戏后，你有什么感受呢？下面让我们一起去打钩钩！请你用"√"选出自己的体会，没有感受到的画"×"。

□1. 游戏中我提高了身体的灵活性

□2. 玩的时候我感觉到体能有点下降

□3. 我会动脑筋思考怎么才能快速抓到人

□4. 我得到了充分的活动

□5. 能与对手一决高下很兴奋

□6. 还没有找到游戏的乐趣

□7. 游戏让我体验到了竞争的快乐

□8. 我会向比我玩得更好的同学学习

□9. 我能认真遵守游戏规则

九、分享

学习过后，你的心情如何呢？下面有五颗星星的笑脸，一起来给星星涂色吧，涂得越多说明你玩得越开心。

"快乐的事说不完"

十、瞬间

丢手绢之精彩瞬间

翻花绳

一、名称

同学们看，这么好看的图形，你们知道是怎么得到的吗？

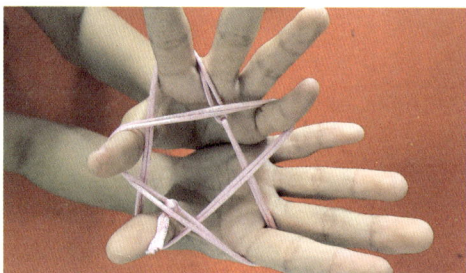

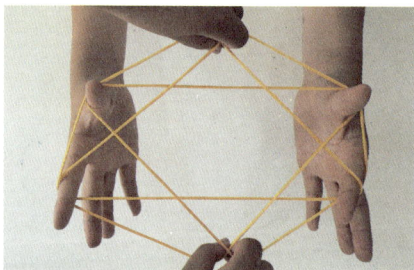

我们只需要利用小小的绳子就能得到这样有趣的图形。这个游戏叫作"翻花绳"！

二、介绍

翻花绳是我国民间流传的儿童游戏，在我国不同的地域有不同的叫法，如线翻花、翻花鼓、挑绷绷、解股等，只需灵巧的手指，就可翻转出许多的花样。

玩翻花绳游戏有哪些好处呢？

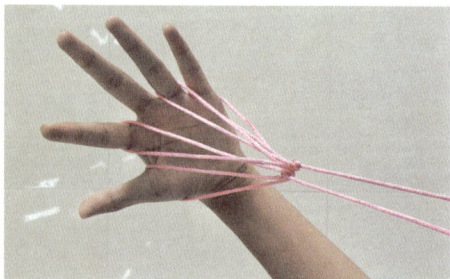

翻花绳游戏有益于增强我们的活动兴趣、自信心和自制力，还可以锻炼我们的耐心和敏捷性，能在娱乐中寻找解决问题的方法。这个游戏最大的乐趣在于翻出新花样，展现自己的聪明才智。让我们一起来学习这个游戏吧！

三、思考

你想不想像图片中的同学一样，用自己的双手和其他同学一起翻出漂亮的图案呢？想一想，我们要怎么做？

四、方法

这个游戏需要两个同学共同完成，其中一个同学双手缠着一条绳，另外一个同学用双手手指或缠或绕或穿或挑，经过翻转将绳在手指间翻出各种花样来。

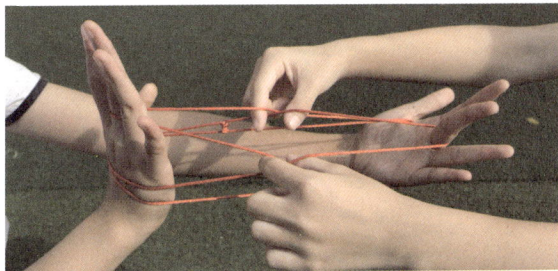

在翻花绳的过程中，一个人用手指将绳编成一种花样，另一个人用手指接过来，两个人交替着玩，直到一方不能再翻下去为止。聪明的同学都可以翻出"面条""牛眼""麻花""手绢""降落伞"等花样，神奇吧！

五、拓展

翻花绳其实也有单人玩法，自己一个人的时候也可以玩。下面让我们跟随图片来学习单人翻花绳。

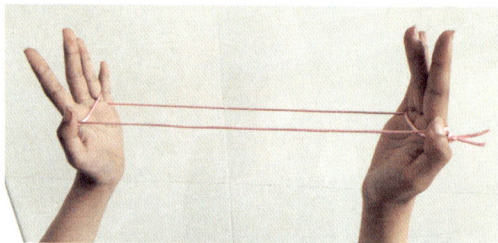

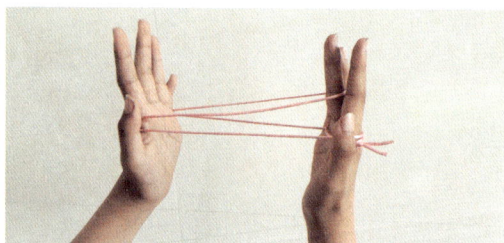

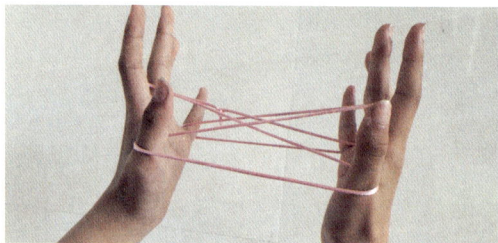

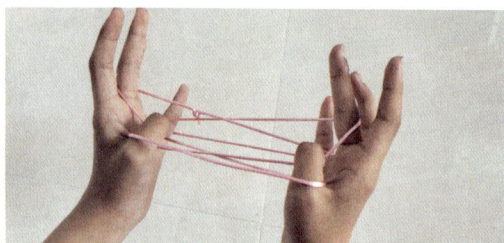

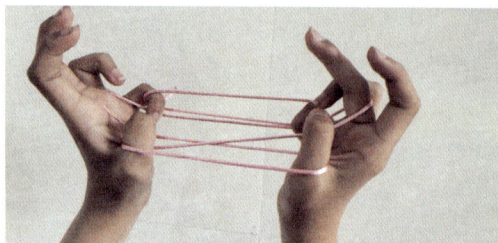

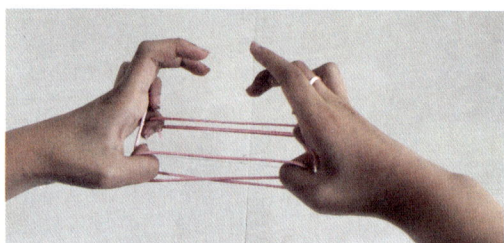

六、要求

在游戏的过程中有些要求是需要我们格外注意的，下面让我们看看有哪些：

1. 在玩之前，先把绳子打个小巧的结；

2. 绳要环绕在双手之间；

3. 两个人玩时，一定要记住，协调配合才能少出错误。还有，绳子必须长一点。

上面的要求大家都记住了吗？

七、收获

学习了翻花绳游戏后，让我们来看看你掌握了多少本领？在掌握的本领前画"√"。

□本领1：掌握了翻花绳的规则和动作要领

□本领2：能够和搭档完成整套翻花绳动作

□本领3：会简单的单人翻花绳动作

□本领4：能够记得每一种花样的名称

八、感受

学习了有趣的老游戏后，你有什么感受呢？下面让我们一起去打钩钩！请你用"√"选出自己的体会，没有感受到的画"×"。

□1. 游戏中我锻炼了身体的灵活性

□2. 玩的时候我感觉到眼睛和手腕有点累

□3. 我会动脑筋思考翻花绳动作

□4. 我得到了充分的活动

□ 5. 能与对手一决高下很兴奋

□ 6. 还没有找到游戏的乐趣

□ 7. 游戏让我体验到了竞争的快乐

□ 8. 我会向比我玩得更好的同学学习

□ 9. 我能认真遵守游戏规则

九、分享

学习过后，你的心情如何呢？下面有五颗星星的笑脸，一起来给星星涂色吧，涂得越多说明你玩得越开心。

"快乐的事说不完"

十、瞬间

翻花绳之精彩瞬间

4

跳皮筋

一、名称

这些同学在两根绳子间跳来跳去，他们在干什么呢？

他们在玩"跳皮筋"，"跳皮筋"是按照一定规则在皮筋间跳动的有趣游戏！

二、介绍

跳皮筋游戏是我国民间儿童最喜爱的游戏之一，在充满弹性的皮筋间跳动是孩子们最快乐的事情。

玩跳皮筋游戏有哪些好处呢？

跳皮筋游戏可以锻炼我们双腿的弹跳能

力，同时也让我们的身体更加灵活。在游戏过程中，和同学们相互配合，能够加深彼此之间的友谊，同时运动也会带来好心情。

三、思考

这个游戏怎么玩呢？通过上面的图片，让我们看一看，想一想，说一说吧！

四、方法

游戏中，两个同学扯皮筋，其他同学在中间跳。

第一步，双脚跳到两根皮筋中间，而后双脚再跳出来成开立，使两根皮筋在自己的双脚之间。第二步，双脚再次跳进两根皮筋之间，而后跳出到起始位置的对面。第三步，要跳向起始位置，跳起的时候，脚尖要把离自己最近的那根皮筋勾过来，然后后屈腿跳起摆脱勾住的皮筋，就算完成了动作。当然，跳皮筋是分好几级难度的，越往后难度越高，跳的方法也会出现变化。

五、拓展

学会跳皮筋的级数区分，才能更好地玩这个有趣的游戏，下面就带大家一起学习一下跳皮筋级数的划分！

跳皮筋等级分为七级，一级到脚踝，二级到膝盖，三级到臀部，四级到腰部，五级到胸部，六级到脖子，七级到额头。

六、要求

在游戏的过程中有些要求是需要我们格外注意的，下面让我们看看有哪些：

1. 不能打乱跳皮筋的步骤；

2. 出现错误后应停下，不能继续下一个动作；

3. 别人跳的过程中不能喧哗扰乱。

上面的要求大家都记住了吗？

七、收获

学习了跳皮筋游戏后，让我们来看看你掌握了多少本领？在掌握的本领前画"√"。

□本领1：掌握了跳皮筋的步骤要领

□本领2：了解了跳皮筋的各级难度划分

□本领3：轻松完成一级难度动作

□本领 4：敢于挑战四至七级难度动作

八、感受

学习了有趣的老游戏后，你有什么感受呢？下面让我们一起去打钩钩！请你用"√"选出自己的体会，没有感受到的画"×"。

□1.在游戏中我锻炼了身体的灵活性

□2.玩的时候我感觉到体能有点下降

□3.我会动脑筋思考各级难度动作

□4.我得到了充分的活动

□5.能与对手一决高下很兴奋

□6.还没有找到游戏的乐趣

□7.游戏让我体验到了竞争的快乐

□8.我会向比我玩得更好的同学学习

□9.我能认真遵守游戏规则

九、分享

学习过后，你的心情如何呢？下面有五颗星星的笑脸，一起来给星星涂色吧，涂得越多说明你玩得越开心。

十、瞬间

跳皮筋之精彩瞬间

5

猜灯谜

一、名称

远处的灯笼真漂亮，他们在做什么呢？我们去看看吧！

原来是在猜灯谜啊，这可是一项有趣的游戏，游戏过程中需要我们充分开动脑筋。下面让我们对这个游戏进一步了解一下！

二、介绍

猜灯谜又称打灯谜，是我国特有的富有民族风格的一种文娱活动，最初的形式主要是将谜语写在纸上，将其贴在彩灯上供人猜，并逐渐成为元宵节的固定项目。

玩猜灯谜游戏有哪些好处呢？

玩猜灯谜游戏一方面可以传承我国民间历史文化，同时有助于开发我们大脑的思维，让我们变得更加聪明！

三、思考

同学们，这么有趣的游戏，怎样玩呢？让我们看一看，想一想，说一说吧！

四、方法

学会猜灯谜游戏的关键在于了解什么是灯谜。灯谜的结构是由三个基本要素组成的，即"谜面""谜目"和"谜底"。这三个部分缺一不可。"谜面"是告诉猜谜者的条件，也是猜谜者思考的依据；而"谜目"是限定所猜的是哪类"事物"，是答案的所属范围；"谜底"就是答案了。例如，"红公鸡，绿尾巴，身体钻到地底下，又甜又脆营养多（打一种蔬菜）——谜底：胡萝卜"，这个灯谜中"红公鸡，绿尾巴，身体钻到地底下，又甜又脆营养多"就是谜面，"打一种蔬菜"就是谜

目，"胡萝卜"就是谜底。我们猜灯谜时，纸上会告诉我们谜面和谜目，我们要根据这两种条件来猜谜底。

五、拓展

学会制作花灯，能够让我们玩出更多的花样，下面就让我们来学习一下花灯的制作方法吧！我们可以用一次性筷子制作一个框架，连接的地方用小绳子扎紧，灯笼的画纸边需要用胶水粘紧在筷子上。大家都来尝试自己制作花灯吧！

六、要求

在游戏的过程中有些要求是需要我们格外注意的，下面让我们看看有哪些：

1. 认真读灯谜，仔细思考；

2. 同学之间相互配合，团结互助；

3. 猜灯谜的过程中不能急躁，要静下心来。

上面的要求大家都记住了吗？

七、收获

学习了猜灯谜游戏后，让我们来看看你掌握了多少本领？在掌握的本领前画"√"。

□本领 1：掌握了灯谜由几部分组成

□本领 2：能轻松地猜出一些简单的灯谜

□本领 3：偶尔会猜出比较难的灯谜

□本领 4：经过努力思考，编出了属于自己的灯谜

八、感受

学习了有趣的老游戏后，你有什么感受呢？下面让我们一起去打钩钩！请你用"√"选出自己的体会，没有感受到的画"×"。

☐ 1. 玩的时候我体会到思考的快乐

☐ 2. 我会动脑筋创作灯谜

☐ 3. 能与对手一决高下很兴奋

☐ 4. 还没有找到游戏的乐趣

☐ 5. 游戏让我体验到了竞争的快乐

☐ 6. 我会向比我猜得更好的同学学习

☐ 7. 我能认真遵守游戏规则

九、分享

学习过后，你的心情如何呢？下面有五颗星星的笑脸，一起来给星星涂色吧，涂得越多说明你玩得越开心。

"快乐的事说不完"

十、瞬间

猜灯谜之精彩瞬间

第二篇

1

钓瓶

一、名称

好多瓶子，用这些瓶子能做什么游戏呢？

这个游戏的名字叫作"钓瓶"，是一项技术与智慧相结合的游戏，快来发挥你们的想象吧。

二、介绍

钓瓶游戏是一个老少皆宜的趣味互动游戏，只需要找来绳子、棍子和瓶子，就能快乐地玩起钓瓶游戏。

玩钓瓶游戏有哪些好处呢？

　　钓瓶游戏有益于激发我们的活动兴趣、自信心和自制力，还可以锻炼我们的耐心和敏捷性，在娱乐中寻找解决问题的方式，这个游戏最大的乐趣在于用钉子卡住瓶子口才能提起瓶子。让我们一起来学习这个游戏吧！

三、思考

　　在学习游戏的玩法前，让我们先猜猜这个游戏怎么玩，通过图片来看一看，想一想，说一说吧！

四、方法

钓瓶游戏的规则很简单，将绳子的一端拴在一根铁钉的中间，然后绳子的另一端拴在一根棍子上，准备一个塑料瓶，瓶子里装一些沙子，然后手拿棍子钓起铁钉，将铁钉从瓶口放进去，利用铁钉的长度卡住瓶口，将瓶子钓起来。

五、拓展

学会了怎样钓起瓶子，让我们再加一些规则会更好玩！

在玩钓瓶游戏时，我们可以先在地上画一条横线，参加游戏的同学站在线的后面，在线前面 5 米处，把钓棍和瓶子放在地上，在线前面 10 米处，放置一个障碍物。当比赛开始时，游戏者要先跑到瓶子那里，然后以最快的速度钓起瓶子，再钓着瓶子跑到障碍物处，围着障碍物转一圈，然后再跑回放瓶子的地方，把瓶子放好，棍子抽出来放到地上，跑回开始位置与下一名同学接力。下一个同学继续游戏，最先完成的一组获胜。

六、要求

在游戏的过程中有些要求是需要我们格外注意的，下面让我们看看有哪些：

1.钓瓶的过程中，切记不能甩动棍上的绳子，这样可能会导致绳子上的钉子伤到其他同学；

2.将钉子放入瓶口时，一定不能用手去碰钉子；

3.钓瓶跑动时，如果瓶子掉落了，必须立即停下来，用手将瓶子扶正后，原地再用绳子将瓶子钓起，不能拿着瓶子跑；

4.在游戏过程中，另一只手不能扶瓶子。

上面的要求大家都记住了吗？

七、收获

学习了钓瓶游戏后，让我们来看看你掌握了多少本领？在掌握的本领前画"√"。

☐本领1：掌握了钓瓶的规则和动作要领

☐本领2：学会了如何制作钓瓶游戏的工具

☐本领3：能够成功钓起瓶子

☐本领4：能够一边钓着瓶子一边跑动

八、感受

学习了有趣的老游戏后，你有什么感受呢？下面让我们一起去打钩钩！请你用"√"选出自己的体会，没有感受到的画"×"。

☐1.游戏中我锻炼了身体的灵活性

☐2.玩的时候我感觉到眼睛和手腕有点累

☐3.我会动脑筋思考怎么才能最快钓起瓶子

☐4.我得到了充分的活动

☐5.能与对手一决高下很兴奋

□ 6. 还没有找到游戏的乐趣

□ 7. 游戏让我体验到了竞赛的快乐

□ 8. 我会向比我玩得更好的同学学习

□ 9. 我能认真遵守游戏规则

九、分享

学习过后，你的心情如何呢？下面有五颗星星的笑脸，一起来给星星涂色吧，涂得越多说明你玩得越开心。

"快乐的事说不完"

十、瞬间

钓瓶之精彩瞬间

2

挑木棍

一、名称

好多小木棍儿啊，图片中的同学们在聚精会神地玩什么游戏?

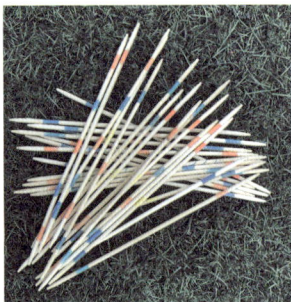

游戏的名字叫作"挑木棍"，挑木棍游戏是一项心理素质与智慧相结合的游戏，快来发挥你们的想象吧!

二、介绍

挑木棍游戏也被叫作游戏棒或撒棒，是老少皆宜的一种益智小游戏，可以单人或多人共同参与。

挑木棍游戏有益于激发活动兴趣，提高心理素质和反应力，还可以锻炼耐心和注意力。让我们一起来学习这个游戏吧！

三、思考

在学习游戏的玩法前，让我们先猜猜这个游戏怎么玩，通过图片来看一看，想一想，说一说吧！

四、方法

挑木棍游戏的规则不难，就是拿自己手中的木棍把散落的木棍挑起来。具体玩法：每人拿出 10 根木棍放在一起，猜拳决定谁先挑。将所有的木棍整理整齐后，用拳头握住，垂直放于桌子或地面，然后轻轻一松手，木棍散开，一根压一根杂乱地倒在桌上或地上；游戏者用留在手里的一根木棍去挑最上面的木棍，挑出来的就是自己赢的。也可以用手指轻轻抽出躺在下面但未被任何一根木棍压住的木

棍，抽出来的就属于自己；若游戏过程中碰到其他的木棍则轮到下一个人挑。

五、拓展

学会了怎样挑木棍，让我们再加一些花样会更好玩！

在玩挑木棍游戏时，我们可以将长短不一、粗细不均匀的木棍混合在一起，增加游戏的难度，从而提高玩游戏人的随机应变能力和反应能力。每局若干人一起比赛，限定时间，在 10 分钟内赢得木棍多者为胜。

六、要求

在游戏的过程中有些事情是要求我们格外注意的，下面让我们看看有哪些：

1. 挑木棍的过程中，切记不能挥动手中的棍棍，以免划伤同玩的小伙伴；

2. 挑最上面的木棍时一定不能触碰到其他木棍，否则会由下一名同学来继续挑；

3. 将木棍汇总整理后，用拳头握住，垂直放于桌子或地面，然后轻轻一松手，木棍散开，一根压一根杂乱地倒在桌上或地上。

上面的要求大家都记住了吗？

七、收获

学习了挑木棍游戏后，让我们来看看你掌握了多少本领？在掌握的本领前画"√"。

□ 本领 1：掌握了挑木棍游戏的规则和动作要领

□ 本领 2：学会了如何使用木棍游戏工具完成任务

□ 本领 3：能够成功挑起小木棍

□本领4：能够挑起不同长度、不同粗细的木棍

八、感受

学习了有趣的老游戏后，你有什么感受呢？下面让我们一起去打钩钩！请你用"√"选出自己的体会，没有感受到的画"×"。

□1.游戏中我锻炼了身体的灵活性

□2.玩的时候我感觉到眼睛和手腕有点累

□3.我会动脑筋思考怎样才能最稳妥地挑起木棍

□4.我得到了充分的活动

□5.能与对手一决高下很兴奋

□6.还没有找到游戏的乐趣

□7.游戏让我体验到了竞争的快乐

□8.我会向比我玩得更好的同学学习

□9.我能认真遵守游戏规则

九、分享

学习过后，你的心情如何呢？下面有五颗星星的笑脸，一起来给星星涂色吧，涂得越多说明你玩得越开心。

"快乐的事说不完"

十、瞬间

挑木棍之精彩瞬间

3

打沙包

一、名称

好多沙包啊，图片中的同学在玩什么游戏呢?

游戏的名字叫作"打沙包"，是一项力量与智慧相结合的游戏，快来发挥你们的想象吧!

二、介绍

打沙包是我国一项民间传统的游戏，男孩和女孩可以混在一起玩，是一项团结合作的游戏。打沙包游戏不仅能锻炼肌肉力量，还能训练手眼的协调，培养快速的反应能力，提高身体的敏捷性。

三、思考

打沙包游戏该怎么玩呢？通过图片来看一看，想一想，说一说吧！

四、方法

打沙包游戏的规则很简单，就是不要被沙包打到就可以。先在地上画出两条线，队伍分成三组，第一组在线内为防守方，另外两组为进攻方。进攻方将沙包扔向防守方，直至进攻方将防守方全部队员打掉，进行轮转，交换下一组队员防守。

五、拓展

学会了怎样打沙包，让我们再加一些规则会更好玩！

参加人数至少四人，分为两组，在两边投沙包的为一组，中间的为一组。两边的用沙包击打中间组员，如果中间组员依次被击中，内外两组互换，如若接住了丢来的沙包，可以多一次"保命"机会或救回一名本组被淘汰的队员。

六、要求

在游戏的过程中有些要求是需要我们格外注意的，下面让我们看看有哪些：

1. 打沙包的过程中，不要越过标记线；

2. 被打到的同学要自觉出局，不要"依依不舍"；

3. 打沙包时，被打的一队若是接到沙包了，可以救一名出局的同学，每接到一次沙包，就可指定被淘汰的队友回到游戏中继续防守。

上面的要求大家都记住了吗？

七、收获

学习了打沙包游戏后，让我们来看看你掌握了多少本领？在掌握的本领前画"√"。

□本领 1：掌握了打沙包的规则和动作要领

□本领 2：学会制作沙包

□本领 3：能够成功躲过沙包

□本领 4：能够接到沙包救其他同学

八、感受

学习了有趣的老游戏后，你有什么感受呢？下面让我们一起去打钩钩！请你用"√"选出自己的体会，没有感受到的画"×"。

☐ 1. 我在游戏中锻炼了身体的灵活性

☐ 2. 玩的时候我感觉到手臂有点累

☐ 3. 我会动脑筋思考怎样才能躲过沙包

☐ 4. 我得到了充分的活动

☐ 5. 能够接到沙包很兴奋

☐ 6. 能感受到游戏的乐趣

☐ 7. 游戏让我体验到了合作的快乐

☐ 8. 我会向比我玩得更好的同学学习

☐ 9. 我能认真遵守游戏规则

九、分享

学习过后，你的心情如何呢？下面有五颗星星的笑脸，一起来给星星涂色吧，涂得越多说明你玩得越开心。

"快乐的事说不完"

十、瞬间

打沙包之精彩瞬间

4

编花篮

一、名称

图片中的同学们脚搭着脚围在一起在玩什么游戏?

游戏的名字叫作"编花篮",是一项技巧与柔韧相结合的游戏,快来发挥你们的想象吧!

二、介绍

编花篮是我国民间儿童经常玩的游戏,趣味性强,操作简单,不需要器械,还可以培养同伴之间的感情。

玩编花篮游戏有哪些好处呢？

编花篮游戏有益于增强我们肢体的协调能力与灵活性，培养我们的合作精神，还可以锻炼我们的耐心和敏捷性。这个游戏最大的乐趣在于每个人抬起一条腿相互搭好，组成"花篮"。让我们一起来学习这个游戏吧！

三、思考

让我们先猜猜这个游戏怎么玩，通过图片来看一看，想一想，说一说吧！

四、方法

编花篮游戏的规则很简单，就是参与的人先手拉手站好，其中一个人将自己的一只脚放在旁边两个人的手上，单脚站立，然后，其他人依次将自己的一条腿放在另一名同学的腿上，所有人将腿搭好后，最开始那个同学的腿放在最后一名同学的腿上，便形成了一个"花篮"。

五、拓展

学会了怎样编花篮，让我们再加一些规则会更好玩哦！

在玩编花篮游戏时，我们可以再配上一些歌谣："编、编、编花篮，花篮里面有小孩，小孩的名字叫什么？叫花篮；一五六、一五七、一八一九二十一，二五六、二五七、二八二九三十一，三五六、三五七、三八三九四十一，四五六、四五七、四八四九五十一，五五六、五五七、五八五九六十一……"配上歌谣之后，编花篮游戏会更有趣。

六、要求

在游戏的过程中有些要求是需要我们格外注意的，下面让我们看看有哪些：

1.编花篮的过程中，切记一只脚要勾得紧，另一只脚还要站得稳；

2.若有一名同学的腿掉下来了，游戏必须重新开始；

3.编花篮中要相互配合，团结互助。

上面的要求大家都记住了吗?

七、收获

学习了编花篮游戏后，让我们来看看你掌握了多少本领? 在掌握的本领前画 "√"。

☐ 本领 1：掌握了编花篮的规则和动作要领

☐ 本领 2：学会了编花篮的歌谣

☐ 本领 3：能够编一个牢固的花篮

☐ 本领 4：能够一边唱着歌谣一边转

八、感受

学习了有趣的老游戏后，你有什么感受呢? 下面让我们一起去打钩钩! 请你用 "√" 选出自己的体会，没有感受到的画 "×"。

☐ 1.游戏中我锻炼了身体的平衡能力

☐ 2.玩的时候我感觉到腿部有点累

☐ 3.我会动脑筋思考怎样才能把花篮编牢固

☐ 4.我得到了充分的活动

☐ 5.能与小伙伴一起完成很兴奋

☐ 6.还没有找到游戏的乐趣

☐ 7.游戏让我体验到了合作的快乐

☐ 8.我会向比我玩得更好的同学学习

☐ 9.我能认真遵守游戏规则

九、分享

学习过后，你的心情如何呢？下面有五颗星星的笑脸，一起来给星星涂色吧，涂得越多说明你玩得越开心。

"快乐的事说不完"

十、瞬间

编花篮之精彩瞬间

5

打花巴掌

一、名称

他们互相击掌玩得好开心啊，图片中的同学们在玩什么游戏呢？

游戏的名字叫作"打花巴掌"，是一项技巧与默契相结合的游戏，快来发挥你们的想象吧！

二、介绍

打花巴掌是我国传统的儿童游戏，需要两人或多人一同参与。

打花巴掌游戏有益于增强彼此的默契与协调能力，培养合作精神，还可以锻炼耐心和敏捷性，在娱乐中寻找解决问

题的方式。这个游戏最大的乐趣在于边拍手边按节奏数着花的名字。让我们一起来学习这个游戏吧！

三、思考

在学习游戏的玩法前，让我们先猜猜这个游戏怎么玩，通过图片来看一看，想一想，说一说吧！

四、方法

打花巴掌游戏的规则很简单，就是两个人或多人一组，边拍手边按节奏说着花的名字，念着合辙押韵的顺口溜："一月一，我们从小爱学习；提着篮子去采花，茉莉花呀海棠花，江西蜡梅那个野菊花，采朵玫瑰花呀，采朵牡丹花、牡丹花。"

五、拓展

学会了怎样打花巴掌，让我们再加一些规则会更好玩！

在玩打花巴掌游戏时，可以试着自己编词打出属于自己的节奏，可以是两个人拍手、三个人拍手，也可以围成大圈边跳边唱边拍手，但一定要与歌曲节奏或节拍相吻合，看看谁的节奏感和衔接配合最好。

六、要求

让我们看看在游戏的过程中有些要求是需要我们格外注意的：

1.打花巴掌的过程中，切记要注意节拍节奏，左右手对拍不合，游戏重新开始；

2.嘴里口号与手互动起来，一句游戏词，一个动作；

3.随着游戏深入应提高节奏，击掌要准确娴熟。

上面的要求大家都记住了吗？

七、收获

学习了打花巴掌游戏后，让我们来看看你掌握了多少本领？在掌握的本领前画"√"。

□本领 1：掌握了打花巴掌的规则和动作要领

□本领 2：学会了打花巴掌的歌谣

□本领 3：能够编一首自己的歌谣

□本领 4：击掌和歌谣配合娴熟

八、感受

学习了有趣的老游戏后，你有什么感受呢？下面让我们一起去打钩钩！请你用"√"选出自己的体会，没有感受到的画"×"。

☐ 1. 游戏中我锻炼了身体的灵活性

☐ 2. 玩的时候我感觉到手有点累

☐ 3. 我会动脑筋思考怎么编打花巴掌的歌谣

☐ 4. 我得到了充分的活动

☐ 5. 能与伙伴们一起玩很兴奋

☐ 6. 还没有找到游戏的乐趣

☐ 7. 游戏让我体验到了竞争的快乐

☐ 8. 我会向比我玩得更好的同学学习

☐ 9. 我能认真遵守游戏规则

九、分享

学习过后，你的心情如何呢？下面有五颗星星的笑脸，一起来给星星涂色吧，涂得越多说明你玩得越开心。

"快乐的事说不完"

十、瞬间

打花巴掌之精彩瞬间

第三篇

① 打宝

一、名称

图中的几个同学在玩什么有趣的游戏呢？地上方形的物体又是什么呢？

游戏的名字叫作"打宝"，是一项力量与智慧相结合的游戏。快来发挥你们的想象吧！

二、介绍

打宝又称"拍方宝""拍元宝"，是我国各地广泛流传的民间游戏。游戏取胜的关键在于方宝的制作以及击打角度的选择。

打宝游戏能使我们的手臂力量得到提高，打宝的过程也是技巧与智慧并存的，能够激发大脑

的思维能力，体验到游戏带来的快乐。

三、思考

　　在学习游戏的玩法前，让我们先猜猜这个游戏怎么玩，通过图片来看一看，想一想，说一说吧！

四、方法

　　打宝游戏的规则很简单，通过石头剪刀布来决定玩的先后顺序。输的一方把"宝"放在地上，另一个人拿自己的"宝"去打，如果"宝"被打翻了就算打的人赢，"宝"就会归打"宝"的人，如果没打翻，就交换过来打。

五、拓展

快来学习叠宝吧！学会了叠宝，我们就能拿着自己折的"宝"参加游戏了。

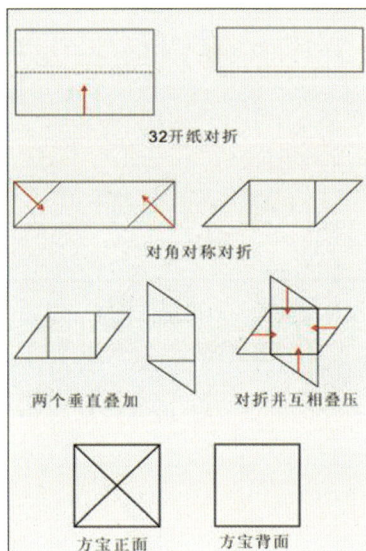

32开纸对折

对角对称对折

两个垂直叠加   对折并互相叠压

方宝正面   方宝背面

六、要求

在游戏的过程中有些要求是需要我们格外注意的，下面让我们看看有哪些：

1.打宝过程中不能用自己身体的任何部位去触碰别人的"宝"；

2.每个人每次只能打一下；

3.不能拿着手中的"宝"去刮碰别人的"宝"，打宝时，"宝"必须是离手后打到别人"宝"上。

上面的要求大家都记住了吗？

七、收获

学习了打宝游戏后，让我们来看看你掌握了多少本领？在掌握的本领前画"√"。

☐ 本领 1：掌握了打宝的规则和动作要领

☐ 本领 2：学会了如何折（叠）"宝"

☐ 本领 3：能够把对方的"宝"打翻

☐ 本领 4：可以很轻松地打翻对方好多"宝"

八、感受

学习了有趣的老游戏后，你有什么感受呢？下面让我们一起去打钩钩。请你用"√"选出自己的体会，没有感受到的画"×"。

☐ 1. 游戏让我的身体得到了锻炼

☐ 2. 游戏的过程中我的协调性更好了

☐ 3. 我能掌握好打宝的角度

☐ 4. 这个游戏让我很快乐

☐ 5. 游戏让我忘了心里不开心的事情

☐ 6. 游戏中我喜欢和大家一起竞争的感觉

☐ 7. 同学们在游戏中表现得都很棒

☐ 8. 我能感受到同学们为我加油

☐ 9. 我认真遵守了游戏的规则

九、分享

学习过后，你的心情如何呢？下面有五颗星星的笑脸，一起来给星星涂色吧，涂得越多说明你玩得越开心。

"快乐的事说不完"

十、瞬间

打宝之精彩瞬间

② 袋鼠跳

一、名称

同学们都钻到漂亮的袋子里，玩什么有趣的游戏呢？

这就是很受大家欢迎的户外游戏项目——"袋鼠跳"！

二、介绍

袋鼠跳的形式多种多样，包括集体袋鼠跳、接力袋鼠跳、亲子袋鼠跳等等，这个游戏广受欢迎。

袋鼠跳游戏有哪些好处呢？

通过图片大家可以看到，袋鼠跳游戏既需要用手提着袋子，防止袋子滑落，又需要双脚不停地跳

动，可见这项游戏可以同时锻炼我们双手和双腿的力量。游戏中与大家一起比赛，会让我们体会到合作与竞争的快乐。

三、思考

在学习游戏的玩法前，让我们先猜猜这个游戏怎么玩，通过图片来看一看，想一想，说一说吧！

四、方法

袋鼠跳游戏中，参与者需要事先把自己装在袋子里，用手抓紧袋子上面的拉手。当比赛开始的时候，就要学着袋鼠那样双腿跳着前进。行进中，一定不能让袋子滑下来，如有滑落必须重新套上，摔倒可以重新爬起。从脱下布套，到队友套上袋子，整个交接过程必须在跑道端线以外进行，不能越线。

五、拓展

在规定的距离内，看谁用最少的次数完成，次数少的为胜方。

六、要求

在游戏的过程中有些要求是需要我们格外注意的，下面让我们看看有哪些：

1.比赛过程中要在自己的跑道内跳跃，不要跑到别人的跑道上；

2.在跳的过程中，袋子始终要套在身上，不要掉下来；

3.接力赛的话，接力时不能帮队友穿袋子。

上面的要求大家都记住了吗?

七、收获

学习了袋鼠跳游戏后，让我们来看看你掌握了多少本领? 在掌握的本领前画 "√"。

☐本领1：掌握了袋鼠跳游戏的规则和技巧

☐本领2：可以将袋子始终套在身上不滑落

☐本领3：跳的时候全身各部位都可以配合得很好，能很好地保持平衡、不摔倒

☐本领4：能够和同伴很好地配合，共同为赢得比赛而努力

八、感受

学习了有趣的老游戏后，你有什么感受呢? 下面让我们一起去打钩钩。请你用 "√" 选出自己的体会，没有感受到的画 "×"。

☐1.游戏让我的身体得到了锻炼

☐ 2. 游戏的过程中我的协调性更好了

☐ 3. 我能掌握好袋鼠跳的方向性

☐ 4. 这个游戏让我很快乐

☐ 5. 游戏让我忘了心里不开心的事情

☐ 6. 游戏中我喜欢和大家一起竞争的感觉

☐ 7. 同学们在游戏中表现得都很棒

☐ 8. 我能感受到同学们为我加油

☐ 9. 我认真遵守了游戏的规则

九、分享

学习过后，你的心情如何呢？下面有五颗星星的笑脸，一起来给星星涂色吧，涂得越多说明你玩得越开心。

"快乐的事说不完"

十、瞬间

袋鼠跳之精彩瞬间

3

嘎拉哈

一、名称

你认识图中同学们手里的那几块东西吗？知道它是干什么用的吗？

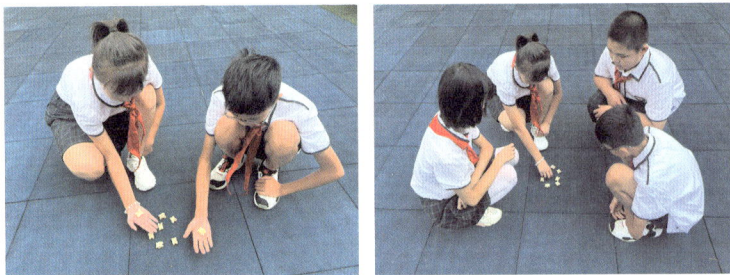

图中同学们手里拿的是羊拐骨，他们在玩一种叫"嘎拉哈"的游戏。羊拐骨是羊的膝盖骨，共有四个面，以四个为一副，有的用塑料材质来代替。

二、介绍

"嘎拉哈"这个名字源自满语（ga chu ha），新疆叫作阿斯克，在河北称骨头子儿。玩"嘎拉哈"需要搜集四块羊拐骨，大家都把搜集到的羊拐骨当作自己的宝贝一样呢！

为什么大家都爱玩嘎拉哈呢？

嘎拉哈游戏在锻炼我们手眼敏捷性的同时，能让我们在娱乐中体会游戏的快乐。这个

游戏最大的乐趣是看谁手指灵活，能够翻真、背、坑、轮四个面。下面，让我们一起来学习这个游戏吧！

三、思考

　　这个游戏怎么玩呢？让我们通过图片和前面的讲解，一起来看一看，想一想，说一说吧！

四、方法

　　这个游戏需要每个人依次来玩，旁边的人耐心等待。玩的时候需要先抛起一个弹珠（沙包或其他合适物品均可），然后把嘎拉哈摆成统一的面，再接住弹珠。

具体的方法是：用一只手将四个嘎拉哈散乱地抛在炕上或桌上，然后将弹珠向上扔起，在弹珠落下的时间内将四个嘎拉哈都先扳（以下的过程叫扳）成"真儿"，用手抓起，再接住落下的弹珠（用同一只手）。如弹珠和嘎拉哈都没有落在炕上，则接着扳下个"背儿"，依次接下的次序是"坑儿""轮儿"。最后，把弹珠抛起，手将都扳成"轮儿"的嘎拉哈抓起。如果弹珠落下时在手里（没有落在炕上）则第一个回合完成。倘若在扳的过程中弹珠没能接住，则叫"坏了"，交由下一个人玩（抓）。其输赢的判断是：在扳四个嘎拉哈的过程中，谁抛弹珠次数最少，谁就是赢家。

五、拓展

快速熟悉嘎拉哈的每个面，才能在游戏中更好地发挥。现在让我们一起学习一下嘎拉哈的每个面吧！

嘎拉哈，其形状是长方体，两个大面，两个长条面，还有两头的小面。一般把"凹"面叫"坑儿"，把"凸"面叫"背儿"，把突出的一角叫"真儿"，把平平的另外三个角叫"轮儿"。东北不同地方也有不同叫法。

六、要求

在游戏的过程中有些要求是需要我们格外注意的，下面让我们看看有哪些：

1.四个嘎拉哈必须全部撒在桌子上；

2.弹珠没能接住，则叫"坏了"，要交由下一个同学；

3.弹珠和嘎拉哈全部在手里才能算完成；

4.在扳四个嘎拉哈的过程中，谁抛弹珠的次数最少，谁就是赢家。

上面的要求大家都记住了吗？

七、收获

学习了嘎拉哈游戏后，让我们来看看你掌握了多少本领？在掌握的本领前画"√"。

☐本领1：基本掌握了嘎拉哈游戏的规则和技巧

☐本领2：一只手能够同时抓住四只嘎拉哈

☐本领3：能够把嘎拉哈撒在规定的区域内

☐本领4：当四只嘎拉哈相同面时，能够同时抓起并接住弹珠

八、感受

学习了有趣的老游戏后，你有什么感受呢？下面让我们一起去打钩钩。请你用"√"选出自己的体会，没有感受到的画"×"。

☐1.游戏让我的身体得到了锻炼

☐2.游戏的过程中我的协调性更好了

☐3.我能掌握好掷嘎拉哈的力度

☐4.这个游戏让我很快乐

☐5.游戏让我忘了心里不开心的事情

☐6.游戏中我喜欢和大家一起竞争的感觉

□ 7. 同学们在游戏中表现得都很棒

□ 8. 我能感受到同学们为我加油

□ 9. 我认真遵守了游戏的规则

九、分享

学习过后，你的心情如何呢？下面有五颗星星的笑脸，一起来给星星涂色吧，涂得越多说明你玩得越开心。

"**快乐的事说不完**"

十、瞬间

嘎拉哈之精彩瞬间

4

跳房子

一、名称

图片中的小方格是什么呢？有谁知道这是什么游戏呢？

游戏的名字叫作"跳房子"，是一项提高身体协调能力和培养团队合作的游戏。大家快来加入吧！

二、介绍

跳房子也叫"跳飞机"，是我国民间传统的体育游戏，趣味性和娱乐性极强，深受广大儿童喜爱。

跳房子游戏运动量不算大，却可以锻炼身体的灵

活性和协调性，锻炼平衡技巧。在游戏过程中，还能收获快乐和友谊。

三、思考

跳房子游戏怎么玩呢？通过图片，让我们猜一猜，写着数字的方格，是如何玩的呢？

四、方法

先在地上画一个飞机状的房子，每个方格内写一个数字，按由下往上的顺序，最下面三排分别是1、2、3各一格，第四排由左往右写4、5两格并列，第五排写6为单独一格，再往上写7、8左右两格并列，最上面的顶端写9（也可以书写"天"字，意味着"天空"），半弧线包在9外。第一个同学需要将沙包丢向1格，如果成功了，就直接单脚跳到2格上，然后单脚跳到3格，双脚同时跳到4、5格，直到跳完9个格子又返回到2格时，将沙包捡起，直接跳出房子。捡沙包的过程中，如果是"单脚房"，则另外一只脚和其他部位是不能碰到地面

的。如果扔到4格，则跳的时候需要单脚跳进5格，回来时单脚在5格内把沙包捡起。其他格子的跳法与以上两种相同。当沙包扔到"天空"时，需要在7、8格原地跳转过来，背对着"天空"将沙包捡起，此环节其他部位不能着地。游戏过程中如果沙包没扔进格子或者跳的过程中踩到格子的边线，则立即停止游戏，由本队的下名同学接力，从上名同学失误的格子开始扔沙包。

五、拓展

跳房子还有许多不同的画法，让我们再来学习一种吧!

这是一个10个格子的房子，跳的原理和9个格子是一样的，其实跳房子的画法还有许多，只要你想玩，就会有层出不穷的花样。同学们甚至可以自己创造一个样式试一试。

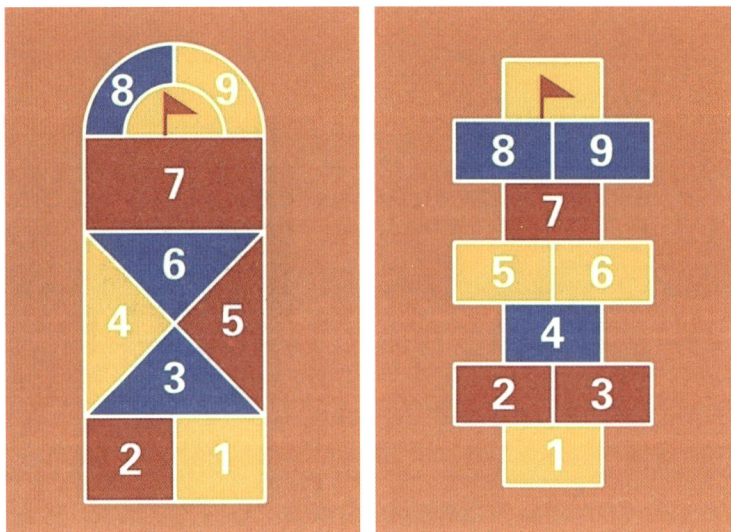

六、要求

在游戏中，以下几个方面要格外注意，下面让我们看看哪些事情不能做：

1. 沙包不得越格、不得压线，否则判为失误；

2. 中途失误，应立即停止交由下名同学，从失误格开始继续往下跳；

3. 不得在"房子"格内久留；

4. 跳的过程中不准换脚。

上面的要求大家都记住了吗？

七、收获

学习了跳房子游戏后，让我们来看看你掌握了多少本领？在掌握的本领前画"√"。

□本领1：学会了如何去画房子

□本领2：掌握了跳房子游戏的规则

□本领3：能够将沙包准确地扔进相应的格子里

□本领4：在跳格子的过程中，基本能够做到不失误

八、感受

学习了有趣的老游戏后，你有什么感受呢？下面让我们一起去打钩钩。请你用"√"选出自己的体会，没有感受到的画"×"。

□1.游戏让我的身体得到了锻炼

□2.游戏的过程中我的协调性更好了

□3.我能掌握好身体重心的稳定性

□ 4. 这个游戏让我很快乐

□ 5. 游戏让我忘了心里不开心的事情

□ 6. 游戏中我喜欢和大家一起竞争的感觉

□ 7. 同学们在游戏中表现得都很棒

□ 8. 我能感受到同学们为我加油

□ 9. 我认真遵守了游戏的规则

九、分享

学习过后，你的心情如何呢？下面有五颗星星的笑脸，一起来给星星涂色吧，涂得越多说明你玩得越开心。

"**快乐的事说不完**"

十、瞬间

跳房子之精彩瞬间

5

竹竿舞

一、名称

快来看，图片中的同学们在玩什么游戏？

这个游戏叫作竹竿舞！你想了解竹竿舞吗？快来一起学习吧！

二、介绍

竹竿舞又叫"跳竹竿"或"跳柴"，是我国南方少数民族跳的一种舞蹈。在海南黎族，竹竿舞是当地人民喜闻乐见的一种传统体育活动，每当重大节日或丰收时人们都要聚在一起跳竹竿舞，场面豪迈洒脱，气氛热烈欢快，也深受各族同胞的喜爱。

跳竹竿舞需要双脚在不断开合的竹竿之间跳动，这个游戏可以锻炼身体的协调性和腿部的跳跃能力，同时竹竿的开合是很有节奏的，能增强大脑对韵律的感知。操控竹竿的人和跳竹竿舞的人要互相配合才能减少失误，也可以培养团结合作的精神。

三、思考

在学习竹竿舞的玩法前，让我们先猜一猜这个游戏怎么玩，通过图片来看一看，想一想，说一说吧！

四、方法

跳竹竿舞时，先将两根长约 5 米的粗竹竿平行摆在平地上作为垫架，竿间距大约 3—5

米。在垫架上平行横放6根手腕粗细的竹竿，由6人分两组在两边握竿，每个人左右手各握细竹竿一端，在音乐的伴奏下，握竿者按节奏敲击竹竿，竹竿在垫架上滑动离合，按照"开合、开合、开开合"和"开开合合、开开合合"的节奏，将两根竹竿分开或合拢。过竹竿的同学要从竹竿间跳过去，不能让自己的脚被竹竿夹到。

五、拓展

想要更好地玩，还要掌握一定的技巧。为了避免自己的脚被竹竿夹到，应该像图中的同学一样，将腿抬高一点。跳竹竿舞的过程中眼睛要看着前方的竹竿，不要左顾右盼。

六、要求

在跳竹竿舞的过程中，有些要求是需要注意的，主要有以下几点：

1. 跳的过程中不能用脚去踩竹竿或踢竹竿；

2. 在和同伴一起跳时，不能只顾自己，要和同伴配合好，共同完成动作；

3. 跳的过程中不能打闹。

上面的要求大家都记住了吗？

七、收获

学习了竹竿舞游戏后，让我们来看看你掌握了多少本领？在掌握的本领前画"√"。

□本领1：我掌握了跳竹竿舞的基本方法和技巧

□本领 2：我能够跳简单的竹竿舞

□本领 3：游戏中我和同学们配合得很好

□本领 4：我还能跳更加复杂的竹竿舞

八、感受

学习了有趣的老游戏后，你有什么感受呢？下面让我们一起去打钩钩。请你用"√"选出自己的体会，没有感受到的画"×"。

□1. 游戏让我的身体得到了锻炼

□2. 游戏的过程中我的协调性更好了

□3. 我能掌握好竹竿的变换节奏

□4. 这个游戏让我很快乐

□5. 游戏让我忘了心里不开心的事情

□6. 游戏中我喜欢和大家一起配合的感觉

□7. 我感觉自己在游戏中表现得很棒

□8. 我能感受到同学们为我加油

□9. 我认真遵守了游戏的规则

九、分享

学习过后，你的心情如何呢？下面有五颗星星的笑脸，一起来给星星涂色吧，涂得越多说明你玩得越开心。

十、瞬间

竹竿舞之精彩瞬间

第四篇

DI SI PIAN

①
跳山羊

一、名称

图片中的同学们在玩什么游戏呢？

游戏的名字叫作"跳山羊"，是一种将冲刺跑与跳跃相结合的全身运动。

二、介绍

跳山羊是民间一种模拟山羊跳跃的儿童游戏，简单易行，既能锻炼身体，又能培养果断决事的能力，很受孩子们的欢迎，在奥运会体操项目里被叫作"跳马"。

玩跳山羊游戏有哪些好处呢？

跳山羊游戏以跑、跳动作为主，结合了蹬腿、收腹等动作，从冲刺跑到腾空而起的瞬间都是对爆发力和胆量的锻炼。跑、跳、支撑以及落地时的平衡，都能很好地锻炼我们的身体。让我们一起来学习这个游戏吧！

三、思考

　　在学习游戏的玩法前，让我们先猜猜这个游戏怎么玩，通过图片来看一看，想一想，说一说吧！

四、方法

　　跳山羊游戏的玩法很简单，游戏中用人代替"山羊"，扮演"山羊"者以全蹲、双手撑住膝盖下、膝盖中、膝盖上等几种姿势调节高度，跳者以两手为支撑，两腿分开，从其背上一跃而过。

五、拓展

学会了怎样跳山羊，让我们再加一些规则会更好玩！

在玩"跳山羊"游戏时：

（1）一人跳多个"山羊"。参加者排成一列，除队尾一人外，全部做"山羊"，队尾一人从后向前依次从"山羊"上面——跳过，然后在排头做"山羊"。其余人照此例，依次从队尾跳至排头做"山羊"。

（2）多人跳一个"山羊"。一人做"山羊"，大家从其背上跳过，跳一轮，"山羊"高度由低向高升一次，跳不过者与"山羊"交换位置。

六、要求

在游戏的过程中有些要求是需要我们格外注意的，下面让我们看看有哪些：

1.跳山羊的过程中，作为"山羊"的同学，在其他同学跳跃的时候，千万不要站起来，否则很危险；

2.跳"山羊"的同学一定要一个一个地有秩序地跳；

3.做"山羊"的同学一定要记住，把你的小"山羊头"尽量缩好，以免被踢到。

上面的要求大家都记住了吗？

七、收获

学习了跳山羊游戏后，让我们来看看你掌握了多少本领？在掌握的本领前画"√"。

□本领1：掌握了跳山羊的规则和动作要领

□本领 2：懂得了同学之间要相互信任

□本领 3：能够成功跃过"山羊"

□本领 4：愿意和小伙伴分享成功的心情

八、感受

学习了有趣的老游戏后，你有什么感受呢？下面让我们一起去打钩钩！请你用"√"选出自己的体会，没有感受到的画"×"。

□ 1. 游戏中我锻炼了身体的灵活性

□ 2. 玩的时候我感觉到手臂和小腿有点累

□ 3. 我会动脑筋思考怎样才能跃过"山羊"

□ 4. 我得到了充分的活动

□ 5. 能与对手一决高下很兴奋

□ 6. 还没有找到游戏的乐趣

□ 7. 游戏让我体验到了竞争的快乐

□ 8. 我会向比我玩得更好的同学学习

□ 9. 我能认真遵守游戏规则

九、分享

学习过后，你的心情如何呢？下面有五颗星星的笑脸，一起来给星星涂色吧，涂得越多说明你玩得越开心。

"快乐的事说不完"

十、瞬间

跳山羊之精彩瞬间

② 斗鸡

一、名称

图片中的同学在玩什么游戏呢?

游戏的名字叫作"斗鸡",是一项力量与智慧相结合的游戏,快来参与吧!

二、介绍

"斗鸡斗鸡膝对膝,一跳一跳真有趣。摔倒在地不怕疼,盘起脚来再继续。""斗鸡"也称"斗拐""撞拐",是孩子们常玩的一种游戏。这项活动不需要任何器械,也无需特殊场地,时间可长可短。

三、思考

　　在学习游戏的玩法前，让我们先猜猜这个游戏怎么玩，通过图片来看一看，想一想，说一说吧！

四、方法

　　斗鸡是锻炼平衡能力和耐力的一种游戏。游戏至少要两个人，每个人一脚独立，另一脚扳成三角状。这个游戏就是一条腿向前拐着（可用手扳住），双方用单脚一蹦一跳地对撞，用拐着的腿互相碰撞，谁被撞得失去平衡，拐着的腿放下来了，或者双脚落地，谁就输了。

五、拓展

了解了斗鸡游戏，让我们再加一些规则会更好玩！

民间一般有三种玩法：单挑、单人守擂、混战。

单挑：只有两个人互相对撞的游戏；

单人守擂：由一个人出来守擂，其他有不服气的与其对阵。输者淘汰，胜者继续守擂，直到无人挑战为止；

混战：借鉴军棋下法，可为歼灭战：双方相隔十余米，一声令下冲向对方，以全歼对方为胜。双方各自有兵营作为休息地，脚不能着地，对方不能攻击。但是不能总待在兵营内耍赖，如果待在兵营里休息超过时限，则被判负。

六、要求

在游戏的过程中有些要求是需要我们格外注意的，下面让我们看看有哪些：

1.斗鸡的过程中，不能用手去推或拉拽其他同学；

2.当听到口令时方可进攻对手；

3.用膝盖去攻击对方，注意双脚不能同时落地。

上面的要求大家都记住了吗？

七、收获

学习了斗鸡游戏后，让我们来看看你掌握了多少本领？在掌握的本领前画"√"。

□本领 1：掌握了斗鸡游戏的规则和动作要领

□本领 2：学会了抓住时机击倒对手

□本领 3：能够灵活地用单脚跳来跳去

□本领 4：与小伙伴一起分享快乐时光

八、感受

学习了有趣的老游戏后，你有什么感受呢？下面让我们一起去打钩钩！请你用"√"选出自己的体会，没有感受到的画"×"。

□1.游戏中我锻炼了身体的灵活性

□2.玩的时候我感觉到膝盖和大臂有点累

□3.我会向比我玩得更好的同学学习

□4.还没有找到游戏的乐趣

□5.能与对手一决高下很兴奋

□6.我得到了充分的活动

□7.游戏让我体验到了竞争的快乐

□8.我会动脑筋思考怎样才能最快击倒对手

□9.我能认真遵守游戏规则

九、分享

学习过后，你的心情如何呢？下面有五颗星星的笑脸，一起来给星星涂色吧，涂得越多说明你玩得越开心。

"快乐的事说不完"

十、瞬间

斗鸡之精彩瞬间

3

抓石子

一、名称

图片中的同学们在玩什么游戏呢？

游戏的名字叫作"抓石子"，是一项技巧与智慧相结合的游戏，快来发挥你们的想象吧！

二、介绍

抓石子也叫"抓子儿"，是以抛抓石子定胜负的游戏，深受广大儿童喜欢。

抓石子游戏有益于激发兴趣，增强自信心和协调性，还可以锻炼耐心和敏捷性，在娱乐中寻找解决问

题的方式，让我们一起来学习这个游戏吧！

三、思考

在学习游戏的玩法前，让我们先猜猜这个游戏怎么玩，通过图片来看一看，想一想，说一说吧！

四、方法

抓石子游戏的玩法很简单，5 颗石子在桌面上或地板上丢开，拿起其中一颗向上抛，趁上抛的石子未落下前，抓起地上第二颗石子，再接住向上抛的石子，如果抛起的石子没接住，或者桌面上的石子没抓起来或没抓够数量，或者抓石子的时候手碰动了桌子上的其他石子，就结束游戏，轮到对方开始。游戏结束时，谁赢得的石子多谁就胜利。

五、拓展

学会了怎样抓石子，让我们再加一些规则会更好玩！

在玩抓石子游戏时，8颗石子全部抓在一只手中，往上抛，此时手掌迅速翻过来，让一颗石子落于手背上（如果落在手背上有多颗石子，就把其他的石子抖落到地上，手背上只剩一颗石子），然后手背把石子往上抛，此时手背迅速翻过来，用手心接住石子，再往上抛，趁向上抛的石子未落到桌面前，抓起桌面上其中一颗石子，再来接住刚才向上抛的石子（抓石子的时候手不能碰到桌子上的其他石子），此时手中有两颗石子，把其中的一颗石子放在另一只手上，按照此方法再一下子抓两颗石子，再一下子抓三颗石子，再抓最后一颗石子（抓石子的顺序是1颗，2颗，3颗，1颗），成功后进入第二关（不成功就由对手开始）。

六、要求

在游戏的过程中有些要求是需要我们格外注意的，下面让我们看看有哪些：

1.抓石子的过程中，除了要抓的石子，其他石子不能用手碰；

2.要按照规则步骤来抓石子；

3.抛石子不能抛太高，要尽量垂直上抛。选择石子，不能选择个头太大的石子，否则有可能砸到别的同学。

上面的要求大家都记住了吗？

七、收获

学习了抓石子游戏后，让我们来看看你掌握了多少本领？在掌握的本领前画"√"。

□本领1：掌握了抓石子的规则和动作要领

□本领 2：学会了如何挑选石子

□本领 3：能够成功地抓起石子

□本领 4：能够一下抓起桌上或地上的所有石子

八、感受

学习了有趣的老游戏后，你有什么感受呢？下面跟着我一起去打钩钩！请你用"√"选出自己的体会，没有感受到的画"×"。

□1.游戏中我锻炼了身体的灵活性

□2.玩的时候我感觉到手指有点累

□3.我会向比我玩得更好的同学学习

□4.还没有找到游戏的乐趣

□5.能与对手一决高下很兴奋

□6.我得到了充分的活动

□7.游戏让我体验到了竞争的快乐

□8.我会动脑筋思考怎样才能最快赢对手

□9.我能认真遵守游戏规则

九、分享

学习过后，你的心情如何呢？下面有五颗星星的笑脸，一起来给星星涂色吧，涂得越多说明你玩得越开心。

"快乐的事说不完"

十、瞬间

抓石子之精彩瞬间

4

摸瞎子

一、名称

图片中的同学们玩得好开心啊，他们在玩什么游戏呢？

游戏的名字叫作"摸瞎子"，是一项技巧与灵活性相结合的游戏，快来发挥你们的想象吧。

二、介绍

摸瞎子游戏又称"摸瞎"，在东北叫"抓瞎"，在南方叫"躲猫猫"，即蒙住眼睛寻找躲藏者的游戏。

摸瞎子游戏有益于增强我们的活动兴趣、技巧性和灵活性，还可以锻炼耐心和敏捷性，这个游戏最大的乐趣在于要把眼睛蒙上去摸身边的人。让我们一起来学习这个游戏吧！

三、思考

在学习游戏的玩法前，让我们先猜猜这个游戏怎么玩，通过图片来看一看，想一想，说一说吧！

四、方法

摸瞎子游戏的玩法很简单，在一个限定的空间，如教室、家里或地上画个圈，用不透光的布条或毛巾把一名同学的双眼蒙上，原地转三圈之后才可以去捉其他同学。其他的同学可以随处走动，哪个同学一旦被摸到就要当"瞎子"重新去捉其他同学。

五、拓展

学会了怎样玩摸瞎子游戏，让我们再加一些规则会更好玩！

在玩摸瞎子游戏时，我们可以再加上一些口令，还要说出被摸到人的名字。当说到白灯时，同学们就单脚跳；当说到红灯时，同学们就停止不动，动者失败；当说到绿灯时，同学们可以随意走动。被蒙住眼的同学如果捉住一名同学，必须猜出他是谁，假如猜不出他的名字，只能算失败。最后，蒙眼的同学捉住了其他同学，也猜出了他是谁，则被捉住的人需要蒙上眼睛开始新一轮游戏。

六、要求

在游戏的过程中有些要求是需要我们格外注意的，下面让我们看看有哪些：

1.摸瞎子游戏的过程中，切记一定要把眼睛蒙紧了，不可以偷看；

2.要在一定的范围内进行游戏；

3.要配合着口令进行游戏。

上面的要求大家都记住的了吗？

七、收获

学习了摸瞎子游戏后，让我们来看看你掌握了多少本领？在掌握的本领前画"√"。

□本领1：掌握了摸瞎子游戏的规则和动作要领

□本领2：学会了摸瞎子游戏的口令

□本领3：能够编一套口令

□ 本领 4：蒙住眼睛能够快速地摸到同学

八、感受

学习了有趣的老游戏后，你有什么感受呢？下面让我们一起去打钩钩！请你用"√"选出自己的体会，没有感受到的画"×"。

□ 1. 游戏中我锻炼了身体的灵活性

□ 2. 玩的时候我感觉到腿部和手臂有点累

□ 3. 我会动脑筋思考怎样才能摸到同学

□ 4. 我得到了充分的活动

□ 5. 能与对手一决高下很兴奋

□ 6. 还没有找到游戏的乐趣

□ 7. 游戏让我体验到了竞争的快乐

□ 8. 我会向比我玩得更好的同学学习

□ 9. 我能认真遵守游戏规则

九、分享

学习过后，你的心情如何呢？下面有五颗星星的笑脸，一起来给星星涂个色吧，涂得越多说明你玩得越开心。

"快乐的事说不完"

十、瞬间

摸瞎子之精彩瞬间

5

投壶

一、名称

图片中的同学们在投什么东西？这又是什么游戏呢？

游戏的名字叫作"投壶"。投壶既是一种礼仪，又是一种游戏。

二、介绍

春秋战国时期，诸侯宴请宾客时的礼仪之一就是请客人射箭。成年男子不会射箭被视为耻辱，主人请客人射箭，客人是不能推辞的。后来，有的客人不会射箭，就用箭投酒壶代替。

投壶游戏并不复杂，但是要想投准需要练习，需要有耐力和毅力。投壶游戏能有效锻炼身体的控制力、空间感、意志力、平衡等各

项素质，尤其适合青少年参与。

三、思考

在学习游戏的玩法前，让我们先猜猜这个游戏怎么玩，通过图片来看一看，想一想，说一说吧！

四、方法

投壶的玩法很简单，游戏中用来投掷的竹签叫作矢。每位同学站到规定的位置，拿着矢往竹筒、铜壶等器皿里投掷，看谁投得准。

五、拓展

了解了投壶的玩法，让我们再加一些规则会更好玩！

1.每人分发三支矢，站到指定的位置，往对面的竹筒里投掷，比比谁投入的多；

2.投掷的距离增加一米，看看谁能投进去；

3.在指定的位置摆放三个竹筒，三位同学手持矢，同时向各自的竹筒投掷，看看谁最厉害。

六、要求

在游戏的过程中有些要求是需要我们格外注意的，下面让我们看看有哪些：

1. 投壶的过程中，双脚不能越过指定的投掷线；

2. 按照先后顺序来投掷；

3. 千万要注意，不可用矢与同学打闹，那样会很危险。

上面的要求大家都记住了吗？

七、收获

学习了投壶游戏后，让我们来看看你掌握了多少本领？在掌握的本领前画"√"。

☐本领1：掌握了投壶的规则和动作要领

☐本领2：学会了如何准确地投进去

☐本领3：能够灵活地运用手臂力量

☐本领4：与小伙伴一起分享快乐时光

八、感受

学习了有趣的老游戏后，你有什么感受呢？下面让我们一起去打钩钩！请你用"√"选出自己的体会，没有感受到的画"×"。

☐1. 游戏中我锻炼了身体的灵活性

☐2. 玩的时候我感觉到手臂和眼睛有点累

☐3. 我会向比我玩得更好的同学学习

☐ 4. 还没有找到游戏的乐趣

☐ 5. 能与对手一决高下很兴奋

☐ 6. 我得到了充分的活动

☐ 7. 游戏让我体验到了竞争的快乐

☐ 8. 我会动脑筋思考怎样才能投进去

☐ 9. 我能认真遵守游戏规则

九、分享

学习过后，你的心情如何呢？下面有五颗星星的笑脸，一起来给星星涂色吧，涂得越多说明你玩得越开心。

"快乐的事说不完"

十、瞬间

投壶之精彩瞬间

第五篇

滚铁环

木头人

踢毽子

踏石过河

射箭

① 滚铁环

一、名称

图片中的同学们在干什么呢？你想不想加入啊？

游戏的名字叫作"滚铁环"，是一项集乐趣与技巧于一体的运动。下面就让我们一起来了解滚铁环这项传统老游戏吧！

二、介绍

滚铁环又叫运圈，是一种我国传统民间儿童游戏。玩家手提顶头是"U"字形的铁棍或铁丝，推一个直径60厘米左右的铁环向前跑，努力保持铁环不倒。

玩滚铁环游戏有哪些好处呢？

身体健康：通过滚铁环的练习形式发展协调和平衡能力；

心理健康：在滚铁环的活动中努力展示自我，体验成功的喜悦；

社会适应：充分发挥想象、创新和表现能力以及培养与他人合作的能力。

三、思考

在学习游戏的玩法前，让我们先猜猜这个游戏怎么玩，通过图片来看一看，想一想，说一说吧！

四、方法

滚铁环的场地最好是在平坦的路面，或坡度不大的草坡。孩子们手持着长柄，将其搭上铁环，手上的力量通过长柄的钩子传递到铁环上，促使铁环快速滚动。孩子跟在铁环后头快速奔跑起来，通过长柄操控铁环的滚动方向和速度。

五、拓展

滚铁环的玩法有很多种，还有几种玩法既简单又有趣。

第一种玩法：推着铁环绕过障碍物，看谁先到达终点；

第二种玩法：画一条白线，在规定时间内闯过滚铁环的各项难关。

六、要求

在游戏的过程中有些要求是需要我们格外注意的，下面让我们看看有哪些：

1. 游戏过程中不允许用手去抓铁环；

2. 在滚铁环的过程中不允许用铁环打闹；

3. 游戏中，在自己划分的区域进行，不能妨碍其他小组。

上面的要求大家都记住了吗？

七、收获

学习了滚铁环游戏后，让我们来看看你掌握了多少本领？在掌握的本领前画"√"。

☐本领 1：掌握了滚铁环的技巧

☐本领 2：学会了滚铁环的比赛规则

☐本领 3：掌握了滚铁环的动作技术

☐本领 4：经过努力知道怎么样才能把铁环滚得又快又平稳

八、感受

学习了有趣的老游戏后，你有哪些感受呢？下面让我们一起去打钩钩！请你用"√"选出自己的体会，没有感受到的画"×"。

☐ 1.游戏让我的身体得到了锻炼

☐ 2.游戏的过程中我的协调性更好了

☐ 3.我能掌握好滚铁环的方向

☐ 4.这个游戏让我很快乐

☐ 5.游戏让我忘了心里不开心的事情

☐ 6.游戏中我喜欢和大家一起竞争的感觉

☐ 7.同学们在游戏中表现得都很棒

☐ 8.我能感受到同学们为我加油

☐ 9.我认真遵守了游戏的规则

九、分享

学习过后，你的心情如何呢？下面有五颗星星的笑脸，一起来给星星涂色吧，涂得越多说明你玩得越开心。

"快乐的事说不完"

十、瞬间

滚铁环之精彩瞬间

2

木头人

一、名称

图片中的同学们为什么都保持一个姿势站着不动？他们聚精会神地在玩什么游戏呢？

　　游戏的名字叫作"木头人"，是一项集乐趣与技巧于一体的运动。下面就让我们一起来走进木头人的世界吧！

二、介绍

　　"木头人"是我国传统民间小游戏，讲究的是令行禁止的能力。

　　木头人游戏就是几个小孩围在一起，嘴里念念有词："三三四四，我们都是木头人，不许说话不许动。"然后

摆个姿势就不动了，谁能坚持到最后谁就是胜者。游戏虽然简单，却总让人乐此不疲。

三、思考

在学习游戏的玩法前，让我们先猜猜这个游戏怎么玩，通过图片来看一看，想一想，说一说吧！

四、方法

游戏中，首先划定一个起点、一个终点，一个人蒙眼，数1、2、3，这时候其他人可以行动，要尽快到达终点，到达终点的人可以自由活动。不然，当蒙眼的人叫木头人，转过身的时候，其他人不能再动，直至他再次回头蒙眼；如果动了，这个人就出局。

五、拓展

木头人游戏的玩法有很多种，还有几种玩法既简单又特别有趣。

第一种玩法：在玩的过程中配上歌谣，"我们都是木头人，不能说，不能笑，不能动，不能叫，我们都是木头人，看谁做得最最好。"第二种玩法：蒙眼的同学说话的同时，其他同学的手啊脚啊，都必须一起甩动，话音一落，大伙儿都得保持话音刚落时的动作，然后像木头一样，谁都不能有任何动作。

六、要求

在游戏的过程中有些要求是需要我们格外注意的，下面让我们看看有哪些：

1. 在游戏过程中不可以做危险的动作；

2. 在游戏过程中不可以越过规定区域；

3. 一定要遵守游戏的规则去进行游戏。

上面的要求大家都记住了吗？

七、收获

学习了木头人游戏后，让我们来看看你掌握了多少本领？在掌握的本领前画"√"。

☐ 本领 1：学会了游戏的歌谣

☐ 本领 2：学会了木头人的比赛规则

☐ 本领 3：学会了自己创编歌谣

☐ 本领 4：学会了如何控制自己的情绪

八、感受

学习了有趣的老游戏后，你有什么感受呢？下面让我们一起去打钩钩！请你用"√"选出自己的体会，没有感受到的画"×"。

☐ 1. 游戏让我的身体得到了锻炼

☐ 2. 游戏的过程中我的身体灵活性更好了

☐ 3. 我能掌握游戏的歌谣

☐ 4. 这个游戏让我很快乐

☐ 5. 游戏让我忘了心里不开心的事情

☐ 6. 游戏中我喜欢和大家一起竞争的感觉

☐ 7. 同学们在游戏中表现得都很棒

☐ 8. 我能感受到同学们为我加油

☐ 9. 我认真遵守了游戏的规则

九、分享

学习过后，你的心情如何呢？下面有五颗星星的笑脸，一起来给星星涂色吧，涂得越多说明你玩得越开心。

"快乐的事说不完"

十、瞬间

木头人之精彩瞬间

3

踢毽子

一、名称

图片中的同学们在玩什么游戏？你想不想加入呢？

游戏的名字叫作"踢毽子"，是一项集乐趣与技巧于一体的运动。下面就让我们一起来了解踢毽子的游戏吧！

二、介绍

踢毽子游戏又叫"打鸡"，是一项在我国流传很广，有着悠久历史的民间体育活动。踢毽子对身心健康极为有益。游戏中主要是用下肢做接、落、跳、绕、踢等动作来完成，可以使下肢的关节、肌肉、韧带以及腰部都

得到很大的锻炼。经常参加这项运动，不仅可使下肢肌肉、韧带富有弹性，也有利于促进关节的灵活性，而且可使心肺功能得到全面锻炼，起到增进身体健康的作用。

三、思考

在学习游戏的玩法前，让我们先猜猜这个游戏怎么玩，通过图片来看一看，想一想，说一说吧！

四、方法

预备时两脚稍分开，自然站立，右手将毽子置于胸前，掌心向上把毽子轻轻抛起，等毽子下落到与膝同高时，右腿迅速抬起屈膝，小腿向里摆，用脚内侧将毽了踢起，主要锻炼关节的灵活性和身体的协调性。

五、拓展

踢毽子的玩法有很多种，还有几种玩法既简单又特别有趣。

第一种玩法：悬踢，踢毽子时脚不需要落地，身体的重心在另一只脚上；第二种玩法：后踢，用脚后跟凭感觉和判断将毽子向前踢出，需要快速。

六、要求

在游戏的过程中有些要求是需要我们格外注意的，下面让我们看看有哪些：

1. 尽量不要让毽子掉到地上；

2. 在踢的过程中不可以用手触摸毽子。

上面的要求大家都记住了吗？

七、收获

学习了踢毽子游戏后，让我们来看看你掌握了多少本领？在掌握的本领前画"√"。

□本领1：学会了如何去踢毽子

□本领2：学会了踢毽子的比赛规则

□本领3：掌握了踢毽子的动作技术

□本领4：经过努力踢毽子的个数越来越多

八、感受

学习了有趣的老游戏后，你有什么感受呢？下面让我们一起去打钩钩！请你用"√"选出自己的体会，没有感受到的画"×"。

☐ 1. 游戏让我的身体得到了锻炼

☐ 2. 游戏的过程中我的腿脚灵活性更好了

☐ 3. 我能掌握好踢毽子的准确性

☐ 4. 这个游戏让我很快乐

☐ 5. 游戏让我忘了心里不开心的事情

☐ 6. 游戏中我喜欢和大家一起竞争的感觉

☐ 7. 同学们在游戏中表现得都很棒

☐ 8. 我能感受到同学们为我加油

☐ 9. 我认真遵守了游戏的规则

九、分享

学习过后，你的心情如何呢？下面有五颗星星的笑脸，一起来给星星涂色吧，涂得越多说明你玩得越开心。

"快乐的事说不完"

十、瞬间

踏毽子之精彩瞬间

4

踏石过河

一、名称

快看，图片中的同学们踩在泡沫垫上聚精会神地在玩什么游戏呢？

游戏的名字叫作"踏石过河"，是一项集乐趣与技巧于一体的运动。下面就让我们一起走进踏石过河这项游戏吧！

二、介绍

踏石过河是非常好玩的游戏，在玩踏石过河游戏的过程中，通过手脚的配合，可以锻炼手臂和腿部的肌肉力量，同时锻炼身体的协调性以及空间的

感知力。

三、思考

在学习游戏的玩法前，让我们先猜猜这个游戏怎么玩，通过图片来看一看，想一想，说一说吧！

四、方法

游戏预备时，大家都在一条线后，手里拿着三块垫板，听到指令后出发，利用手臂向前传送垫板，同时脚不能离开垫板，直至到达终点。

五、拓展

踏石过河的玩法有很多种，还有几种玩法既简单又特别有趣，而且同样能一决高下。

第一种玩法：可以拿两个泡沫垫，相互交替地前进，然后到达终点；第二种玩法：九人十板，九个人一组，拿十块木板，相互交替地前进，然后到达终点。

六、要求

在游戏的过程中有些要求是需要我们格外注意的，下面让我们看看有哪些：

1. 踏石过程中脚不可以着地；

2. 游戏器材要爱护，不能损坏；

3. 在多人游戏的过程中，要注意安全。

上面的要求大家都记住了吗？

七、收获

学习了踏石过河游戏后，让我们来看看你掌握了多少本领？在掌握的本领前画"√"。

□ 本领 1：掌握了踏石过河的技巧

□ 本领 2：学会了踏石过河的比赛规则

□ 本领 3：游戏中提高了全身的协调性

□本领 4：培养了团结协作、永不服输的精神

八、感受

学习了有趣的老游戏后，你有什么感受呢？下面让我们一起去打钩钩！请你用"√"选出自己的体会，没有感受到的画"×"。

□ 1. 游戏让我的身体得到了锻炼

□ 2. 游戏的过程中我的手指灵活性更好了

□ 3. 我能掌握好踏石过河的技巧

□ 4. 这个游戏让我很快乐

□ 5. 游戏让我忘了心里不开心的事情

□ 6. 游戏中我喜欢和大家一起竞争的感觉

□ 7. 同学们在游戏中的表现都很棒

□ 8. 我能感受到同学们为我加油

□ 9. 我认真遵守了游戏的规则

九、分享

学习过后，你的心情如何呢？下面有五颗星星的笑脸，一起来给星星涂色吧，涂得越多说明你玩得越开心。

"快乐的事说不完"

十、瞬间

踏石过河之精彩瞬间

5

射箭

一、名称

好多弓箭啊，图片中的同学们聚精会神地在玩什么游戏呢？

游戏的名字叫作"射箭"，是一项集乐趣与技巧于一体的运动。下面就让我们一起走进射箭的世界吧！

二、介绍

射箭游戏是一种非常古老的体育活动，它源自远古时期的狩猎活动，现在它已经成为一项竞技运动项目。射箭游戏是一项非常有趣的运动，对于身体素质、心理素质都有很高的要求。

在玩射箭游戏的过程中，通过用手臂去拉弓，可以锻炼手臂的肌肉力量；将弦上的箭向目标射出，能锻炼手指的力量和协调性以及空间的感知力。

三、思考

在学习游戏的玩法前，让我们先猜猜这个游戏怎么玩，通过图片来看一看，想一想，说一说吧！

四、方法

首先在一块平整的土地上画一条白线，在离白线一定距离处摆上标靶。参加比赛的同学站在白线后，大家一起将手中的弓拉开，将箭对准标靶上的圆环，然后射出。这里要记住，标靶的圆环代表不同的分数，越靠近中间，圆环越小，射中该圆坏得到的分数也将越高。

五、拓展

　　射箭的玩法有很多种，还有几种玩法既简单又特别有趣，而且同样能一决高下。

　　第一种玩法：画一条白线，在白线后大家统一向前射箭，射得最远者胜出；第二种玩法：画一条白线，大家统一站在白线后，在白线前方一定距离处摆上一物体，谁射中该物体谁就胜出，同时射中，则换成更小的物体再次比赛。

六、要求

　　在游戏的过程中有些要求是需要我们格外注意的，下面让我们看看有哪些：

　　1.不要将自己的箭对准任何人；

　　2.选择弓箭时一定要避免选择锋利的箭头；

　　3.在没有家长和老师在身边指导时，不要私自玩射箭游戏。

　　上面的要求大家都记住了吗？

七、收获

　　学习了射箭游戏后，让我们来看看你掌握了多少本领？在掌握的本领前画"√"。

　　□本领1：学会了如何去制作弓箭

　　□本领2：学会了射箭的比赛规则

□本领 3：弓箭射出的方向和距离在自己的计划之中

□本领 4：经过努力能将弓箭射得越来越远、越来越准

八、感受

学习了有趣的老游戏后，你有什么感受呢？下面让我们一起去打钩钩！请你用 "√" 选出自己的体会，没有感受到的画 "×"。

□1.游戏让我的身体得到了锻炼

□2.游戏的过程中我的手指灵活性更好了

□3.我能掌握好拉弓的力度

□4.这个游戏让我很快乐

□5.游戏让我忘了心里不开心的事情

□6.游戏中我喜欢和大家一起竞争的感觉

□7.同学们在游戏中表现得都很棒

□8.我能感受到同学们为我加油

□9.我认真遵守了游戏的规则

九、分享

学习过后，你的心情如何呢？下面有五颗星星的笑脸，一起来给星星涂色吧，涂得越多说明你玩得越开心。

十、瞬间

射箭之精彩瞬间

第六篇

DI LIU PIAN

1

四五十

一、名称

图片中的同学们聚精会神地在玩什么游戏呢?

游戏的名字叫作"四五十",是一项非常有趣的运动。下面就让我们一起了解"四五十"这项游戏吧!

二、介绍

四五十游戏具有悠久的历史,是地地道道的老游戏,我们的父母在小时候就玩过这个游戏!

在玩四五十游戏的过程中,通过猜拳和大步跑动,可以锻炼手指的灵活性和腿部的肌肉力量,提高身体的

协调性以及空间的感知力。

三、思考

  在学习游戏的玩法前，让我们先猜猜这个游戏怎么玩，通过图片来看一看，想一想，说一说吧！

四、方法

  首先四个同学通过手心手背分成两组，每组派一名同学猜拳。在一块平整的土地上，画一条白线作为起点，不猜拳的两名同学站在起点处。如果自己的队友猜拳赢了，那么根据他出的拳向前走步数。剪刀走四步，布走五步，石头走十步。在规定的终点处折返，先回到起点的一方获胜。

五、拓展

  四五十游戏的玩法有很多种，还有一种玩法既简单又特别有趣。

  同学们可以用双脚代替双手进行猜拳。当喊"石头剪刀布"时，猜拳的两名同学同时跳起，落地的时候两个人可通过代表"石头剪刀布"的步法来判断输赢。双腿并拢落地代表"石头"，双脚一只落在前面、一只落在后面代表"剪刀"，双脚左右分开落地代表"布"。

六、要求

在游戏的过程中有些要求是需要我们格外注意的，下面让我们看看有哪些：

1. 猜拳时不要在出拳后变动手势；

2. 选择的场地一定要平整；

3. 在没有家长和老师在身边时，不要私自在有车辆通过的地方玩。

上面的要求大家都记住了吗？

七、收获

学习了四五十游戏后，让我们来看看你掌握了多少本领？在掌握的本领前画"√"。

□ 1. 学会了如何去选择游戏场地

□ 2. 学会了四五十的比赛规则

□ 3. 迈的步子越大越能领先对手

□ 4. 猜拳时能够灵活变化，不让对手猜到自己出什么

八、感受

学习了有趣的老游戏后，你有什么感受呢？下面让我们一起去打钩钩！请你用"√"选出自己的体会，没有感受到的画"×"。

□ 1. 游戏让我的身体得到了锻炼

□ 2. 这个游戏让我很快乐

□ 3. 游戏让我锻炼了腿部的肌肉

☐ 4. 游戏中我喜欢和大家一起竞争的感觉

☐ 5. 同学们在游戏中表现得都很棒

☐ 6. 我能感受到同学们为我加油

☐ 7. 我认真遵守了游戏的规则

九、分享

学习过后，你的心情如何呢？下面有五颗星星的笑脸，一起来给星星涂色吧，涂得越多说明你玩得越开心。

"快乐的事说不完"

十、瞬间

四五十之精彩瞬间

2
贴饼子

一、名称

图片中的同学们聚精会神地在玩什么游戏呢？

游戏的名字叫作"贴饼子"，是一项非常有意思的运动。下面就让我们一起了解贴饼子游戏吧！

二、介绍

贴饼子游戏是我国民间儿童十分喜爱的追逐游戏。

在玩贴饼子游戏的过程中，同学们要围成一个圆形，两个人一组，前后追逐，能很好地发展同学

们的下肢力量、灵活性和全身的协调性。此外，和大家一起游戏，还能够体验到竞争的乐趣。

三、思考

在学习游戏的玩法前，让我们先猜猜这个游戏怎么玩，通过图片来看一看，想一想，说一说吧!

四、方法

游戏中同学们站成双层圆圈，左右间隔两臂，前后同学身体靠近。先由两名同学开始，一人在圈内为追人者，另一人在圈外为被追者，被追者必须从圈外奔跑，不得穿过圆圈。贴饼子游戏贴人时必须以背部贴靠在别人身前。外层第二人逃开后，共同后退半步，保持圆形队伍。以手摸到被追者即为追上，此时追与被追者互换角色，游戏重新开始。

五、拓展

贴饼子游戏还有一种玩法特别有趣。

在游戏中，被追者必须在规定时间内快速贴人，以10—15秒倒计时（可让全体参与者同时喊数字如5、4、3、2、1）为信号，这样可以让被追者快速补位，避免两个人一直追跑，被追的人也不能跑离圆圈队伍太远。指导者应提醒同学要尽量多替换，增加其他同学参与的机会。

六、要求

在游戏的过程中有些要求是需要格外注意的，下面让我们看看有哪些：

1.两个人追逐的时候不能在圈内跑；

2.选择场地时一定要平整；

3.在没有家长和老师在身边时，不要私自在有车辆通过的地方玩贴饼子。

上面的要求大家都记住了吗？

七、收获

学习了贴饼子游戏后，让我们来看看你掌握了多少本领？在掌握的本领前画"√"。

☐ 1.学会了如何去选择游戏场地

☐ 2.学会了贴饼子的比赛规则

□ 3. 增强了思维的转换能力

□ 4. 提升了身体的协调性

八、感受

学习了有趣的老游戏后，你有什么感受呢？下面让我们一起去打钩钩！请你用"√"选出自己的体会，没有感受到的画"×"。

□ 1. 游戏让我的身体得到了锻炼

□ 2. 游戏的过程中我反应很灵活

□ 3. 增强了思维的转换能力

□ 4. 这个游戏让我很快乐

□ 5. 游戏让我忘了心里不开心的事情

□ 6. 游戏中我喜欢和大家一起竞争的感觉

□ 7. 同学们在游戏中表现得都很棒

□ 8. 我能感受到同学们为我加油

□ 9. 我认真遵守了游戏的规则

九、分享

学习过后，你的心情如何呢？下面有五颗星星的笑脸，一起来给星星涂色吧，涂得越多说明你玩得越开心。

"快乐的事说不完"

十、瞬间

贴饼子之精彩瞬间

3
双腿石头剪刀布

一、名称

大家快看，图片中的同学们在玩什么游戏呢?

游戏的名字叫作"双腿石头剪刀布"，是一项非常有意思的游戏。下面就让我们一起来看看吧!

二、介绍

双腿石头剪刀布游戏是一个广为流传的民间游戏，在游戏时，我们需要在落地前迅速判断对方结果并选择自己的步法，非常考验观察力和判断力，且游戏不受场地、材料限制。

这个游戏能够锻炼同学们的灵活性、协调性、反应能力，提高参与体育活动的兴趣。

三、思考

在学习游戏的玩法前，让我们先猜猜这个游戏怎么玩，通过图片来看一看，想一想，说一说吧！

四、方法

这是一种用腿玩的石头剪刀布游戏，方法和用手差不多，双腿一前一后代表"剪刀"，双腿并拢站好代表"石头"，双腿左右分开代表"布"。用腿玩石头剪刀布，娱乐的成分更多一点，既可以促进同学之间的友情，又可以锻炼身体。

五、拓展

双腿石头剪刀布游戏还有一种玩法。双方可以用双脚双手同时进行猜拳。当喊"石头剪刀布"时，猜拳的两个同学同时跳起，同时出拳、出脚，落地的时候两个人可通过代表"石头剪刀布"的动作来判断输赢。出拳、出脚都赢为胜利。

六、要求

在游戏的过程中有些要求是需要格外注意的，下面让我们看看有哪些：

1.跳起落地时两脚不能再变动；

2.选择场地时一定要平整；

3.在没有家长和老师在身边时，不要私自在有车辆通过的地方进行这个游戏。

上面的要求大家都记住了吗？

七、收获

学习了双腿石头剪刀布游戏后，让我们来看看你掌握了多少本领？在掌握的本领前画"√"。

☐ 1.学会了如何去选择游戏场地

☐ 2.学会了游戏的规则

☐ 3.落地就停，不能随便再改变

☐ 4.经过努力练习能提高自己的反应能力

八、感受

学习了有趣的老游戏后，你有什么感受呢？下面让我们一起去打钩钩！请你用"√"选出自己的体会，没有感受到的画"×"。

☐ 1.游戏让我的身体得到了锻炼

☐ 2.游戏的过程中我的脚下灵活性更好了

☐ 3.跳起落地能掌握得更好

☐ 4.这个游戏让我很快乐

☐ 5.游戏让我忘了心里不开心的事情

☐ 6.游戏中我喜欢和大家一起玩的感觉

□ 7.同学们在游戏中表现得都很棒

□ 8.我能感受到同学们为我加油

□ 9.我认真遵守了游戏的规则

九、分享

学习过后，你的心情如何呢？下面有五颗星星的笑脸，一起来给星星涂色吧，涂得越多说明你玩得越开心。

"快乐的事说不完"

十、瞬间

双腿石头剪刀布之精彩瞬间

4
放风筝

一、名称

图片中的同学们在玩什么游戏呢?

游戏的名字叫作"放风筝",是一项集技术与体力于一体的运动。下面就让我们一起走进风筝的世界吧!

二、介绍

我国的风筝有着悠久的历史。据传,春秋时鲁班就曾"制木鸢以窥宋城"。在我国古代文献中,常把风筝列在"岁时风俗"类中,可见自古以来放风筝就是一种时令的娱

乐项目。

　　放风筝使人全身得到协调舒展，能够让人精神得到放松，制作风筝还能激发人的创造力和想象力。

三、思考

　　在学习游戏的玩法前，让我们先猜猜这个游戏怎么玩，通过图片来看一看，想一想，说一说吧！

四、方法

　　放风筝时要掌握正确放飞的方法，一般是由一个同学距离几十米外拿着风筝的顶端，另一名同学牵引着绳，迎着风奔跑，慢慢放开风筝的顶端，风筝会逐渐上升，然后就会看到风筝在天空中平稳飞行、自由翱翔。

五、拓展

　　放风筝的玩法有很多种，还有一种玩法既简单又特别有趣，而且同样能一决高下。

我们可以选择一块大的场地，带着自己的风筝，和同学一起进行一场比拼，看谁的风筝飞得最高。但是一定要注意，在放飞的过程中，一定要先适应场地，注意安全。

六、要求

在游戏的过程中有些要求是需要格外注意的，下面让我们看看有哪些：

1.选择场地时一定要远离有树、有电线的地方；

2.在没有家长和老师在身边时，不要私自在有车辆通过的地方放风筝。

上面的要求大家都记住了吗？

七、收获

学习了放风筝游戏后，让我们来看看你掌握了多少本领？在掌握的本领前画"√"。

□ 1.学会了如何选择游戏场地

□ 2.学会了风筝的放飞技巧

□ 3.牵引好风筝会让你领先对手

□ 4.经过努力练习能将风筝放得更高

八、感受

学习了有趣的老游戏后，你有什么感受呢？下面让我们一起去打钩钩！请你用"√"选出自己的体会，没有感受到的画"×"。

□ 1.游戏让我的身体得到了锻炼

□ 2.游戏的过程中与同伴配合得更好了

☐ 3. 我能掌握好牵引的力度

☐ 4. 这个游戏让我很快乐

☐ 5. 游戏让我忘了心里不开心的事情

☐ 6. 游戏中我喜欢和大家一起竞争的感觉

☐ 7. 同学们在游戏中表现得都很棒

☐ 8. 我能感受到同学们为我加油

☐ 9. 我认真遵守了游戏的规则

九、分享

学习过后，你的心情如何呢？下面有五颗星星的笑脸，一起来给星星涂色吧，涂得越多说明你玩得越开心。

"快乐的事说不完"

十、瞬间

放风筝之精彩瞬间

5

抖空竹

一、名称

图片中的同学们在玩什么游戏呢?

游戏的名字叫作"抖空竹",是一项集乐趣与技巧于一体的运动。下面就让我们一起走进抖空竹的世界吧!

二、介绍

抖空竹是我国民间传统体育活动之一,也称"空钟""响簧""扯铃"等。空竹一般分为木制或竹制,分单轴和双轴两种。

在玩抖空竹游戏的过程中,当双手握杆抖动空竹

做各种花样技巧时，肩关节、肘关节、膝关节、踝关节都在不同程度地运动着。游戏过程中需要通过巧妙的配合来完成不同的花样动作，大大提高了四肢的协调能力与灵活性。此外，游戏过程中可与他人共同切磋和探讨，共同进步，获取愉悦的心理体验。

三．思考

在学习游戏的玩法前，让我们先猜猜这个游戏怎么玩，通过图片来看一看，想一想，说一说吧！

四．方法

游戏中，先将空竹平放于地上，手拿木棒，顺时针绕轴旋转两圈，右手提杆则空竹沿线向左滚动并自行解扣。随着转速增快，右手用力向上提拉，左手紧随而线不松，反复进行。在提拉抖动过程中，必须不断向左转体，使空竹的轴始终对着右腿，随着转速增快，空竹会发出嗡嗡的声音。

五、拓展

抖空竹的玩法有很多种，还有一种玩法既简单又特别有趣，而且同样能一决高下。

可以将空竹搭线后横置地上，左线外右线内，交叉半个扣，双手握杆将线拉直。以右脚踩空竹轴把向前蹬，使空竹顺时针旋转，同时将空竹提起。右手用力向上提拉，左手紧随而线不松，反复进行，并注意左转体配合。

六、要求

在游戏的过程中有些要求是需要格外注意的，下面让我们看看有哪些：

1. 抖空竹时应注意周围同学的位置；

2. 选择平整的场地；

3. 在没有家长和老师在身边时，不要私自在有车辆通过的地方玩抖空竹。

上面的要求大家都记住了吗？

七、收获

学习了抖空竹游戏后，让我们来看看你掌握了多少本领？在掌握的本领前画"√"。

□ 1. 学会了如何选择游戏场地

☐ 2. 学会了抖空竹的技巧

☐ 3. 增强了身体的协调性

☐ 4. 经过练习能将空竹越玩越精彩

八．感受

学习了有趣的老游戏后，你有什么感受？下面让我们一起去打钩钩。请你用"√"选出自己的体会，没有感受到的画"×"。

☐ 1. 游戏让我的身体得到了锻炼

☐ 2. 游戏的过程中我的反应非常灵活

☐ 3. 我能掌握抖空竹的技巧

☐ 4. 这个游戏让我很快乐

☐ 5. 游戏让我忘了心里不开心的事情

☐ 6. 游戏中我喜欢和大家一起竞争的感觉

☐ 7. 同学们在游戏中表现得都很棒

☐ 8. 我能感受到同学们为我加油

☐ 9. 我认真遵守了游戏的规则

九、分享

学习过后，你的心情如何呢？下面有五颗星星的笑脸，一起来给星星涂色吧，涂得越多说明你玩得越开心。

"快乐的事说不完"

十、瞬间

抖空竹之精彩瞬间

6

走高跷

一、名称

图片中的同学们聚精会神地在玩什么游戏呢?

游戏的名字叫作"走高跷",是一项集勇气与技巧于一体的运动。下面就让我们一起了解走高跷这项游戏吧!

二、介绍

高跷历史久远,也叫"高跷秧歌",是一种广泛流传于全国各地的民间舞蹈,因舞蹈时双脚踩踏木跷而得名。

在玩走高跷游戏的过程中,通过上下肢协调用力,可以锻炼手臂和腿部的肌肉力量，能锻炼手指的协调性以及空间的感知力。

三、思考

在学习游戏的玩法前，让我们先猜猜这个游戏怎么玩，通过图片来看一看，想一想，说一说吧！

四、方法

游戏中，走高跷时的平衡很重要，切不可着急慌乱，否则容易摔倒。走高跷时，身体保持平衡，不能歪斜，同时手脚协调向前用力，需要特别注意的是，高跷一定在脚下固定好，防止脚下打滑扭伤。其实走高跷的方法很简单，也很考验人的勇气，赶快行动起来吧。

五、拓展

走高跷的玩法有很多种，还有一种玩法既简单又特别有趣，而且同样能一决高下。

同学们可以在平坦的场地上设置圆圈为障碍，然后平稳地绕过不同图形的障碍，途中不触碰任何障碍物，依次进行接力比赛，率先完成比赛的队伍获胜。

六、要求

在游戏的过程中有些要求是需要格外注意的，下面让我们看看有哪些：

1. 走高跷时动作要平稳不能着急；

2. 选择场地时一定要平整；

3. 在没有家长和老师在身边时，不要私自在有车辆通过的地方玩走高跷。

上面的要求大家都记住了吗？

七、收获

学习了走高跷游戏后，让我们来看看你掌握了多少本领？在掌握的本领前画"√"。

□ 1. 学会了如何选择游戏场地

□ 2. 掌握了走高跷的技术要领

□ 3. 边步子越稳走得越好

□ 4. 提高高跷的高度仍能继续平稳前行

八、感受

学习了有趣的老游戏后，你有什么感受呢？下面让我们一起去打钩钩！请你用"√"选出自己的体会，没有感受到的画"×"。

☐ 1. 游戏让我的身体得到了锻炼

☐ 2. 游戏的过程中我的身体协调性更好了

☐ 3. 我能掌握好迈步的大小

☐ 4. 这个游戏让我很快乐

☐ 5. 游戏让我忘了心里不开心的事情

☐ 6. 游戏中我喜欢和大家一起竞争的感觉

☐ 7. 同学们在游戏中表现得都很棒

☐ 8. 我能感受到同学们为我加油

☐ 9. 我认真遵守了游戏的规则

九、分享

学习过后，你的心情如何呢？下面有五颗星星的笑脸，一起来给星星涂色吧，涂得越多说明你玩得越开心。

"快乐的事说不完"

十、瞬间

走高跷之精彩瞬间